八百長クライシス

あらかじめ決められた恐慌

鬼塚英昭

Hideaki Onizuka

SEIKO SHOBO

八百長クライシス

「八百長クライシス」を暴く「八百長経済学」とは何か

私はこの本で、現在の世界的な経済危機が仕掛けられた危機、すなわち「八百長クライシス」であることを実証していく。そのために私は「八百長経済学」という概念を提示する。「八百長経済学」なる言葉は私の造語である。しかし、私はこの造語を面白半分につくったのではない。具体的に書くならば、経済における八百長を追求するための一方法として、すなわち、**「経済学に八百長を告発する部門を入れるために創り出した一学問」**ということである。それではあまりにも長すぎる。それで私は「八百長経済学」と簡単な名前をつけた。

この世の出来事は偶然が多く、必然が少ないようにみえる。しかし、よく観察してみるならば、偶然は少なく、必然が多いことに気づく。

その必然は、時として故意とか八百長とかの仮面を被っている場合が多いのである。そこで私は、経済学の中に八百長を追求する一分野を入れて、いろんな角度から経済を観察すべきではなかろうかと考えた。

八百長という一つのファクターを使うと、今まで当然と見られていた現象に、意外と作為的要素が多く含まれていることに気づくのである。その作為的要素を簡単に表現すれば、〝八百長〟となる。八百長という俗っぽい言葉が、経済の秘密を解く鍵となることが理解できるようになる。まことに俗っぽい言葉を使って申し訳ない気もするが、八百長経済学はこうした発想の結果生まれた言葉である。

文中に、「八百長経済学仮説」なるものが登場する。八百長経済学をよりよく理解していただくために、私が仮説というスタイルで自説を述べたものである。

この本は、私の独断で作成したもので伝統的経済学についての偏見に満ちているかもしれない。また、伝統的経済学の学者たちにとっては中傷に満ちているかもしれない。しかし、とりたてて悪意はない。私の八百長経済学のストレートな表現方法がなせるものである。もし、いろんな人が傷つくことがあれば、自分が意を十分に伝えられなかったからだ。ひとえにお赦しを願う次第である。

それでは、八百長経済学仮説の「1」を書く。

八百長経済学仮説——1

この世界＝経済はほぼすべて必然が支配し、偶然が支配する可能性はほとんどない。

リーマン恐慌なるものが起こったのは二〇〇八年九月十五日であった。私はこのリーマン恐慌発生の二カ月後に『八百長恐慌!』という本を世に問うた。その本の序で、「私は、今回の金融危機の最大の原因は何かと問われれば、『それは、何よりも人の心が攻撃されて、心が敗北しかけているからだ』と答える。だが、私たちは、どのように心が攻撃されているのかさえ知らないのである」と書いた。また私は次のようにも書いた。

「この世の中に起こる多くは必然の出来事であり、偶然の出来事は少ないということを」

私がこれから本書の中で書こうとするのは、この世の中の出来事は、多くの場合(もちろん例外があることは否定しない)、なんらかの必然的要素が加わり起きるということである。偶然性があるとしても、ごくわずかであるということである。

私がなぜ、八百長経済学というものを考えるようになったのか。それは『八百長恐慌!』の後に、『ロスチャイルドと共産中国が2012年、世界マネー覇権を共有する』(二〇〇九年)を出版したときも、世界経済を八百長性の面から追求した。しかし、私のような物の考え方をする経済学者や経済評論家は現われなかった。ここ数年、私はどうして経済学者や経済評論家たちは、経済の動きを偶然性の中にとらえているのであろうかと思い続けてきた。

そんな折、私は、カレル・ヴァン・ウォルフレンの『アメリカとともに沈みゆく自由世界』(二〇一〇年)という本を読み、私のような考えを持つ人がいるのを知った。彼は次のように書いている。

主流派経済学者たちが権力という概念を避けて通ろうとするのは、これが彼らの考え出したモデルを破壊してしまうからである。かくして主流派経済学理論においては、年間売上高で中規模サイズの先進国のGNPを上回る巨大多国籍企業の行動の動機も、与えるチャンスも、本質的には街角のドラッグストアと大差がない、と見なされるのである。（中略）純粋に考えるならば、権力はそれを行使される側の瞳のなかに存在しているにすぎない。

私は日本の経済学者及び経済評論家たちが「権力」について書かずにきたことに疑問を持ち続けてきた。そして、この本を書くにあたって、私は、彼らが何をもとにそのような立場を取り続けるのかを追求してみようと思うにいたったのである。

「陰謀（コンスピラシー）」という言葉がある。しかし、日本人はこの言葉を何か、うさん臭いものとして嫌う。陰謀には、何か隠された目標があり、その目標は一時的なものでなく、長期にわたるものである。

しかし、陰謀説は危険視されているので、経済学者、経済評論家、ジャーナリストたちの主流派は真相究明を一切しないように共同作戦を取っている。だからリーマン恐慌がどうして起こったのかに答えるには、「強欲資本主義が暴走したからである」という模範回答を提出する。

それゆえ、私は、そんな主流派から疑いをかけられる恐れがあるので、陰謀という言葉を今後一切使わない。しかし、主流派メディアの大部分は私の本を陰謀論の本として片付けてしまうであろう。私は「八百長経済学」なる学問を堂々とつくり、主流派経済学に挑戦する。そして、仮説を次から次へと提出し続ける。

私はこの本の中で、世界＝経済という言葉を使う。この言葉はフランスの歴史学者フェルナン・ブローデルの『物質文明・経済・資本主義――世界時間』（一九九六年）という本の中に登場する。

世界＝政治、世界＝文化と置き換えても考えられる。しかし、政治や文化という言葉も経済という言葉には勝てない。人間がこの世に登場してから、世界＝経済を支配せんとする怪物どもの支配をうけてきたというのが私の考え方である。この二十一世紀は、世界＝経済を支配せんとする怪物どもの世紀であるともいえる。したがって、私は、八百長経済学の中心を、この怪物たちの姿を読者に詳しく説明することに置く。

二〇一二年七月　九州・別府の寓居にて

鬼塚英昭《おにづかひであき》

八百長クライシス ■ 目次

第三章■リーマン恐慌と八百長経済学

第四章■アメリカは巨大な精神病院と化した

第五章■富めるアメリカと貧しいアメリカへの分裂

第六章■世界経済はどのように操られているのか

第七章■ネバーランド中国の崩壊シナリオ

装幀■フロッグキングスタジオ
カバー写真■Jan Stromme/Image Source/amanaimages
本文写真■ウィキメディア・コモンズ
制作協力■デジタルスタジオ

第一章■「世界の終わる日」を複眼的思考で読む

「世界の終わる日」が近づいている

二〇一二年は年明けからヨーロッパが大きく揺れた。

一月十三日、米格付け会社S＆P（スタンダード・アンド・プアーズ）によるユーロ圏九カ国の国債格下げがあった。「欧州金融安定化基金」（EFSF）の基本的な危機対応力は四四〇〇億ユーロ（約四四兆円）。これは、ドイツ、フランス、オランダ、オーストリア、フィンランド、ルクセンブルクの六カ国合計のEFSFへの政府保証額に相当する。しかし、フランスとオーストリアの国債格付けがその後一段階引き下げられたので、EFSFの対応力は約二六〇〇億ユーロ（約二六兆円）に低下することになった。

フランスとオーストリアの国債格下げの動きは二〇一一年末から出ていた。フランスは「AAA」（トリプルA）の最も高い格付けを失った。ギリシャに端を発するヨーロッパ危機にドイツとともに対応したのはフランスであった。ドイツとともにフランスがその信用力でマネーを集めてヨーロッパの債務危機に対応してきた。何よりも四四〇〇億ユーロのEFSFや、七月に導入予定とされる「欧州安定メカニズム」（ESM）による五〇〇〇億ドルの救済基金では、せいぜいギリシャ一国くらいしか救えない。否、そのギリシャさえ救えないかもしれない額なのである。

欧州中央銀行（ＥＣＢ）の金融調節による一兆二〇〇〇億ユーロ（当時約一三三兆円）の流動性供給資金がすでにヨーロッパの銀行に流された。しかし、このマネーの流れは、結局ドイツに集まっている。ドイツ以外の銀行は自国に投資せず、ドイツ国債を買ったり、ドイツへの支払いに充てている。ヨーロッパの各国は失業率が上昇し続けている。仕事のない人々が町に溢れていれば財政赤字は増大を続ける。経済成長率はマイナスとなっている。

こうした国々にＥＣＢがいくら金を注ぎ込んでも、その金はあっという間に消えていく。たしかにＥＣＢによる長期流動性供給オペ（ＬＴＲＯ）で、一時的にせよ、ヨーロッパの銀行にマネーは流れた。「週刊エコノミスト」（二〇一二年五月十二日号）に経済コラムニストのジョン・ブレンダーの談話が載っている。


「銀行は、ＥＣＢのＬＴＲＯで担保資産を差し出したため、バランスシートの負債が増えている。もし銀行が破綻すれば優先無担保債券（社債）の債務弁済順位が下がるため、投資家は銀行の優先無担保債券を買い控えるようになる」と指摘。ＥＣＢによる流動性供給の景気刺激については「スイス金融大手ＵＢＳの調査で、銀行の貸し出しは４％しか増えておらず期待薄だ。ユーロ圏各国に景気回復の猶予を与える効果しかない。最近の危機〝感染〟を見ると、期待するほどの時間稼ぎにならない」と厳しい。

この文章を読まれた読者は、もうすぐそこにヨーロッパの解体が始まっていることを知ることになる。

ブレンダーは「ＥＣＢによるＬＴＲＯは、自己資本不足の銀行が重債務の自国の政府を支えるというもたれあいの関係を強めただけ。スペインでは外国の投資家の債券市場離れが加速し、国内の銀行はその穴をすぐに埋められない状況だ」とも語っている。

スペインにＥＣＢがいくらマネーを流し込んでも無駄なのである。それで失業率が低下し、若者の仕事が増え、住宅の価格が上がり、成長率が上昇することなどありえない。

スペインとイタリアの緊縮財政による景気失速の惨状は後章で追求する。では、反緊縮で景気失速は改善するのか。これもまた不可能である。成長率を助長する仕事がないと前進しない。貧しさに耐えて働こうとする意欲のない人間にマネーを与えれば、瞬時にそのマネーはどこかに消えていくだけだ。

八百長経済学仮説――2

国家は、ある日、突然に崩壊する。国家にマネーが尽きたとき、そのことを国民が知ったとき、絶望が大砲の役割をはたす。離散（ディアスポラ）の民となった人々は海外へ、あるいは国内を流浪するようになる。昔は、外患により国家が滅亡した。今は、内患により国家が滅亡する。内患とはバブルの宴に酔いしれることである。

ギリシャ、スペイン、イタリアで大量の預金流出が始まっている。その金はドイツ、日本、アメリカの国債へと流れている。もうしばらくすると、銀行へ預金者が殺到する「取り付け騒ぎ」が起きることになる。すでに、ポルトガル、アイルランドでも銀行から預金が消えている。これらの国々の銀行で取り付け騒ぎが頻発しだすと、ヨーロッパ全体の銀行にその波が押し寄せることになる。そしてさらに世界中に津波となって押し寄せるのである。預金封鎖がいよいよ現実のものとなってきた。

世界の終わる日が近づいてきた。そして、まったく予想しえない世界が私たちの眼前に、ある日突然に現われてくるのである。それがどのような世界なのか、それは私たちの想像をはるかに超えている。しかし、どのような世界であるかを推測することは可能であろう。すべて、宴の後は殺風景なものである。今ある世界が消えた後は、きっと殺風景なものであろう。

「週刊現代」（二〇一二年六月十六日号）に、二〇〇八年にノーベル経済学賞を受賞したポール・クルーグマンの独占インタビューが出ている。

最終的にそうした国々（ポルトガル、イタリア、アイルランド、スペインを指す）はギリシャ同様にユーロを離脱することになる。ギリシャのユーロ離脱に端を発して、ほかのユーロ諸国にもドミノ倒しのように影響が波及し、次から次へとユーロ離脱が起こるのだ。

もしそうなれば、ユーロに代わって導入される新通貨の価値は暴落し、離脱した国々の経済は大混乱に陥るだろう。ユーロという壮大なプロジェクトの失敗が明らかになる。つまりはユーロが終わる瞬間だ。そのとき、どんなひどいことが起こってもおかしくはなくなる。

戦争が起こる可能性？　ヨーロッパではすでに過激派政党がどんどん力を持ってきている。アドルフ・ヒットラーが戻ってくることはないだろうが、過激派がさらに増加することは間違いない。ハンガリーはすでにそういう状態にある。

ヨーロッパの経済がどのような危機を迎えているのかを知ることは難しい。しかし、現実を冷静に見続ければ、クルーグマンの説がある程度正しいことは理解できる。ヨーロッパに過激派の政党、とくにファシズムの政党の台頭が著しい。ヨーロッパはまちがいなく、大混乱の時代に突入したのである。

ポルトガル、イタリア、アイルランド、ギリシャ、スペインの五カ国は、その頭文字をとって「ＰＩＩＧＳ《ピッグス》」という蔑称で呼ばれている。英語の「豚」の意をもじったものである。これらＰＩＩＧＳと呼ばれる国々が大きな財政赤字を抱えている。

ドイツ、フランスはＰＩＩＧＳ《ピッグス》諸国と一蓮托生の運命共同体である

ＰＩＩＧＳ諸国の財政危機がフランスに及んだのは二〇一一年の夏ごろであった。その原因は、フランスの金融機関がＰＩＩＧＳ諸国の与信残高合計が国内総生産（ＧＤＰ）比で約二五％と、ドイツの約一六％、イギリスの約一五％と比較して大きい、ということが分かったからであった。二〇一一年八月十日、トリプルＡの最上級にあるフランス国債の格下げの噂が飛び交った日、フランスの三大銀行の株価が約一〇％から一五％も急落した。

フランスの二〇一〇年時点でのＧＤＰはドイツに次いで大きく、ユーロ圏全体の二一％である。しかし、財政赤字はＧＤＰ比率で二〇一〇年は約七％と、信用不安に揺れるイタリアの約五％を上回ってしまっていた。

十月九日、欧州債務危機の深刻化で、フランス・ベルギー系の大手銀行デクシアが経営破綻に追い込まれた。ギリシャ国債を大量に保有し、市場からの資産調達が困難になったためであった。

このデクシア破綻でドイツとフランスの銀行の信頼性が失墜した。いかに自国の国債の信用度が高かろうと、ＰＩＩＧＳ諸国の国債を大量に抱えていれば、その国家も破綻の可能性があ

ることが判明したのである。ドイツもフランスも、PIIGSと一蓮托生の運命共同体であることがはっきりしたのである。

十一月に入ると、フランスへの不安がはっきりと市場に広がった。十一月十日、イタリアの国債取引が実質的に機能不全に陥ったからだ。大手投資ファンドの間では、「ユーロ圏で購入する価値があるのはドイツ国債だけだ」との声が出始めた。このころからである、「これは経済危機ではなく政治危機だ」という声が高まったのは。政治的にユーロ圏は統合すべきである、そのためにはユーロ圏が共同で資産調達をする欧州共同債や、ユーロ圏の財政政策を統合する財務省の導入が必要である、との説がさかんに登場しだした。

しかし、時すでに遅しの感がある。ヨーロッパは前項でのクルーグマン教授の予言のごとく、「破綻国家連合」と成り果てている。最悪を通り越して、さらに悲惨な大恐慌がヨーロッパに襲いかかろうとしている。

イタリアの財政危機については後で詳述するが、そのイタリアの国債の四割をフランスの銀行が保有している。イタリア国債の利回り（金利）は七％近辺にある。フランス国債の利回りもドイツ国債の利回りとは差が開いて三％台となった。二〇一一年十一月から十二月にかけて、フランス国債の格下げが噂されるようになったのは当然であった。二〇一二年に入ってすぐにフランス国債は格下げされた。

一方、ドイツ国債の利回りが二％を割り始めたのはフランスの国債不安が囁《ささや》かれだしたころであった。「ドイツだけが財政破綻を避けられる」との噂が出始めたのは二〇一一年の九月ごろからである。ヨーロッパ危機を救えるのはドイツだけ、の声が高まった。

しかし、この声に「NO！」の叫び声がドイツ国内から上がった。二〇一一年九月七日、ドイツ連邦憲法裁判所は、ユーロに参加する他国への金融支援について、「今後は連邦議会（下院）の承認を得る必要がある」との見解を示した。ドイツ国民が間接的であれ、「PIIGS諸国への財政援助を中止せよ」とメルケル首相に迫ったのである。この訴えを起こしたのは、連邦議会の議員や学者たちであった。「国民の財産権が侵害されるのを防止するため」との理由であった。ドイツ国民はPIIGSをどこかの時点で捨て去ろうとしたのである。

この憲法判断が出された日、ギリシャ国債の利回りはついに二〇％を超えた。これを見たドイツのレスラー副首相兼経済技術相はギリシャ問題に触れ、「もうタブーはない。秩序だった国家破綻の道を用意すべきだ」と述べた。ギリシャの破綻処理をドイツが検討しだしたのは、この時からである。しかし、メルケル首相は副首相に「発言には気をつけるべきだ」とくぎを刺した。

ドイツだけが独り勝ちの状態が続くかに見えた。しかし、一つの出来事がドイツを直撃した。それは、ドイツ国債が異例の「札割《ふだわ》れ」となる事態が発生したからである。

二〇一一年十一月二十三日、ドイツ連邦銀行は新発一〇年国債の入札を実施した。六〇億ユーロ（当時約六二〇〇億円）の募集に対し、金融機関からの応募は約三六億ユーロにとどまり調達予定額に届かないという異例の「札割れ」となった。ついに、欧州主要国で最も安定した財政基盤を持つドイツにも欧州債務危機が襲いかかったのであった。

このドイツ国債の入札不調を受けて、イタリアなどＰＩＩＧＳ諸国の国債価格が下落した。利回りは高くなった。欧州中央銀行（ＥＣＢ）はこのドイツ国債の「札割れ」を受けて方向転換する。すなわち、欧州金融安定化基金（ＥＦＳＦ）の活用や他の基金をつくり、大量にＰＩＩＧＳの銀行などにマネーを流すのである。

八百長経済学仮説――3

国家がいかなる未来を持つかを知るには、その国の失業率を見ればよい。国家が国民のために努力すれば失業率はおのずから下降する。国家が、特に政治家が私利私欲に熱中すれば失業率が高くなっていく。失業率の上昇とは、国家と国民を財政赤字という嵐が襲うことに他ならない。流民（ディアスポラ）が世界中に溢れる時代が到来した。すでに過去は遠くに過ぎ去り、現在は未来へ向かって矢のごとく消え去っている。

欧州中央銀行（ＥＣＢ）は二〇一一年十二月と二〇一二年二月に「大砲」を放った。この二回の大砲で合計一兆ユーロを超す流動性がＥＵ内の銀行に流れた。しかし、この大砲は三月から五月にかけては市場を落ち着かせたが、やがて市場は荒れだした。特にスペインの銀行が危機に陥ったのである。

私は読者に、世界経済を見るのにはまず、失業率を第一とせよと言いたい。失業率の計算方法にはいささか八百長が見えるが、それでもよい。アメリカは九％の失業率（実際は二〇％近い）が、それでもリーマン恐慌後、九％前後であまり変わらない。それは失業率を下げる努力をＦＲＢとオバマ大統領がしていないからである。市場にドルを大量に垂れ流しはするが、失業者を救う努力を彼らはほとんどはらっていない（後述する）。

中国は失業者が急増している。しかし、あの国は幻の国（ネバーランド）である。今、失業率は三〇％を超えているはずである。

ヨーロッパはドイツだけが六～七％、フランスも一〇％近くある。スペインとギリシャは二五％の失業率。悪いことに若年層に仕事がない。若者たちの二人に一人が失業している。

ここから、この世界の未来を見れば、「世界の終わる日」が近づいているのが分かるのである。では、どのような世界が現出するのであろうか。

「ヨーロッパ合衆国」の誕生と新しい世界秩序

八百長経済学仮説──4

すべては動いている。経済も物理的に、科学的に動いている。動いているものが不安定な平衡点に衝突するとき、別の定常状態に飛び移ろうとしてジャンプする。二十一世紀の世界もまた終わりの日を迎えて別の定常状態へとジャンプしようとしている。古い物語は新しい物語へと移行する。現在は、軟かな喪失の場合もあれば、偶発的な摂動《せつどう》によって投げ出されもする。今、地球規模の破局に向けての予行演習がなされている。

ユーロ圏についてここまで書いてきた。ユーロ圏は金融危機の渦中にいると書いてきた。危機を迎えて、すべては先送りにされてきたことを書いてきた。どうして先送りなのか。人間というものは、過去に拘《こだ》わり、現在に安住し、未来の悪夢を想像しようとしないからである。

ユーロという通貨はユーロ圏という金融の巨大な組織体、あるいは構造物をつくった。しかし、それは国家ではなかった。ユーロだけが、国家を持っていない。それがユーロを「憎しみの製造機」にしたのである。国家なきところで自由貿易だけが横行した。これが国家間の優劣を生んだのである。

ユーロ圏の中でドイツとフランスだけが利益を上げ続けた。しかし、そのドイツとフランスの間でも上下関係がはっきりしてきた。ユーロを使う各国に反ユーロ政党が生まれてきて勢いを強めている。ドイツでも反ユーロ政党が誕生した。「朝日新聞」(二〇一二年六月十八日付)から引用する。

市民団体の「反救済」も激しくなっている。「市民連合」の創設者、ベアトリクス・フォン・シュトルヒさん(41)は「他国の借金を永久に払い続けることはできない」と訴える。公共放送ARDの世論調査では、「ギリシャが支援の条件を受け入れないのなら、ユーロ圏を離れるべきだ」との意見が83%に上った。また、「ユーロよりドイツマルクを維持すべきだった」も55%だった。

ギリシャやスペイン、そしてイタリアなどがドイツの要望を容れて緊縮財政を受け入れても、財政赤字は解消しない。ますます大きくなっていく。だから、前項で予期した事態が現実のものとなってきた。ユーロ圏の危機を金融危機の面からのみとらえるべきではないのである。この危機は政治的危機なのである。ＥＣＢ（欧州中央銀行）の危機とはＥＵ（欧州連合）の危機に他ならない。その欧州連合が消えかかっている。否、もうすでに消えたとさえいえる。

ここでユーロ誕生のドラマを少しだけ書いてみたい。世界＝経済を支配しようと企《たくら》む人間どもが登場するからである。

一九八九年、「ベルリンの壁」が崩壊した。フランスは、ドイツが東西統一で再び大国になり、欧州の覇者になるのを恐れた。

しかし、ここには隠された世界＝経済を支配する者たちの思惑《おもわく》があった。ベルリンの壁をあえて崩壊させて、第二次世界大戦後、二つの国家に分裂したドイツを再統一させようとする企みである。それは、冷戦（米ソ対決）といういかがわしい戦争を仕掛けた後始末であった。ネバーランドであったソヴィエトを崩壊させなければならないほどに、東欧の経済状態は壊滅寸前であった。今のヨーロッパに酷似していた。ソ連邦崩壊のドラマが進行した。そこで考えだされたのが、東西ドイツの統一であった。

第二次大戦の勝利国とはいえ、フランスはドイツによって占領された国である。フランス国民は統一ドイツが再び強国になるのを恐れた。フランス以外の国々も同様にドイツの強国化を恐れた。

世界＝経済を支配せんとする者たちは、ユーロ創設を思いついた。大いなる実験劇場の中にユーロなる通貨が投げ出された。

時のフランス大統領ミッテランはドイツ首相コールに、「ドイツの欧州」ならぬ「欧州のドイツ」の道を選択させる。すなわち、政治的優位の立場をフランスがとり、ドイツが経済的優位な立場を選択するという思想のもとにユーロ通貨圏がヨーロッパに登場した。

マルクはこうして消えた。否、消された。ユーロに最後まで反対したのは当時のドイツ連邦銀行（ブンデスバンク）であった。ドイツの首相も中央銀行総裁も、マルクを捨ててユーロを採用することに反対であった。勿論、国民の多くも反対だった。しかし、東と西に分裂させられた悲劇を、統一という歓喜の歌に変えなければならなかった。

ユーロは最初からバブルを生むことを懸念されていたのである。それを一番よく知っていたのはドイツであった。

ユーロ加盟国は信用力が増し、国債を発行してもドイツの国債を少し上回るだけの低利回り（低金利）であった。だから、ギリシャやスペインらの国々は国債を発行し続け、バブルがやがて発生した。

日本の学者たちも、英米の一部の学者の説をオウム返しに「ユーロ圏共同債を発行せよ」と騒がしい。どうしてそんなことができるというのか。まったく不可能である。ドイツ国民のほとんどがこの構想に反対しているのだ。ドイツも極右勢力が台頭している。それに二〇一三年秋に総選挙がある。メルケル首相の与党が今でも各種の地方選挙で敗北し続けている。

もう一つ、ドイツとフランスが欧州中央銀行（ECB）に協力し、財政破綻国にじゃぶじゃぶマネーを注入すれば、国家も銀行も救われると騒ぐ経済学者や経済評論家もいる。しかし、この説が妄説であると私は説いた。

財政破綻した国にいくらマネーを注入しても、そのマネーはただ消えていくだけだ。国家と銀行のプライマリーバランスがより悪化するだけなのだ。要は国民の精神が高揚し、自力で立ち上がることが大切なのである。第二次大戦に敗北したドイツと日本が再建したようにである。経済学とは、つまるところ、人間という存在を精神の面から追究する学問なのだ。ただただ、マネーの面から見ようとする浅学の士のなんと多いことであろうか。

私は、今そこにある危機について書いている。今そこにありえない、ヨーロッパ共同債とか、じゃぶじゃぶマネーの注入とかについては書く気にもなれないのである。


今、ユーロ圏は崩壊し続けている。ヨシュカ・フィッシャー（一九九八年から二〇〇五年までドイツ外相兼副首相）は「朝日新聞」（二〇一一年十一月十二日付）で、次のように語っている。

この失敗は、2世紀にわたる欧米支配が幕を閉じ、新たな世界秩序が台頭する時期に重なっている。権力や富は東アジアや他の新興国に移りつつあり、この間、米国は自国の問題に振り回されながら、大西洋から太平洋へと目を向けている。欧州諸国以外に欧州の国益に対処する者はいない。自らの運命の担い手にならなければ、欧州は新たな強国の標的になってしまう。

まさにフィッシャーの言うとおりである。「新たな世界秩序が台頭する時期」に重なっている。ヨーロッパが崩壊し、新しいヨーロッパが世界秩序の台頭とともに登場する。

重要なことは、起きたことではなく、「起きなかったこと」にある。そこで、共通の新しいヨーロッパが、新しい世界秩序とともに誕生してくるのである。

それは、新しい共通通貨と中央銀行を持つ中央政府としての「ヨーロッパ合衆国」の誕生である。

「ヨーロッパ合衆国」は民主主義を破壊するための八百長芝居

八百長経済学仮説——5

民主主義は、国家と国民との間に、有権者が存在し、暗黙の合意が成立し、関心と無関心が生じて機能的に動いている。そこにあるのは、国民の一人ひとりが、直接的であれ、間接的であれ、国家の命運に参加している、ということである。それが明確に表われるのが選挙という制度である。国家の上に別の国家を持つ場合、小さな国家と大きな国家の間に亀裂が生じる。今、欧州連合「ＥＵ」は存在そのものの危機に瀕している。民主主義とは一国内における国民の公正さを求める動きなのではないのか。

ドイツが苦悩し続けている。ＥＵ内の財政危機を前にして、連日のように「奉加帳」がまわされている。ギリシャから始まった小さな悲劇は大きな悲劇へと変わってきた。そして、ＥＵ

の中心に位置するドイツでさえ危機感を持つにいたった。勤勉なドイツ人の多くは「私たちの税金でなぜ怠惰な国の人々を救わねばならないのか」という不満を持っている。メルケル首相はドイツの忍耐を説き続けている。しかし、欧州中央銀行（ＥＣＢ）の有力メンバーであり続けていたウェーバー・ドイツ連邦銀行総裁は、メルケルの政策に反対し、辞任した。

ユーロの出発点は、「戦争か平和か」にあった。たしかにユーロは最初は輝いていた通貨であった。「日本経済新聞」（二〇一一年十二月九日付）で、歴史学者エマニュエル・トッドが次のように語っている。

塔から転落するようにユーロはつぶれる。1、2年は苦しい時期になるかもしれない。けれども最終的にはどこの国もユーロ消滅でよくなるだろう。2年もすればだれも語らなくなる。（中略）ユーロを救う唯一の道は欧州として保護主義をとることだ。欧州の境界を守ることで、国ごとの違いが緩和され、給料も上がり、内需も増やせるだろう。

エマニュエル・トッドは「ユーロは憎しみの製造機になっている」と語るのである。私はいろんな経済学者たちの説を読んできたが、「ユーロは憎しみの製造機」であるとする思想に接することはなかった。

私はヨーロッパの危機とは何かと問われれば、民主主義という思想そのものが危機に瀕していることだと主張する。人間は長い間、王という独裁者によって自由を奪われていた。そして、長い苦しい闘争を経て民主主義という体制を獲得した。しかし、「ユーロ導入」による欧州連合（EU）は、かつての王による独裁体制を持っていた連中（死んだふりをしているが、死んではいない）が、民主主義を破壊し、新しい独裁体制を創り出すために仕掛けた実験であった、と思っている。

こうした観点から、リーマン恐慌も、ヨーロッパの債務危機も、かつての王に連なる連中による八百長芝居の一コマであった、と知ることができる。

人間とはまことに不思議な生き物である。リーマン恐慌やヨーロッパ危機が起きると、より強大で強固な体制を渇望するようになる。ヨーロッパが今、求められているのは、ECBによる、より多くのマネーの創造とその供給にあるという主張が大勢となっている。また、ユーロ共同債という債券を発行することだと多くの経済学者は説く。国家というものは、大きな国もあり、小さな国もあるのに、共同という概念に一つにまとめて処理しようとする。ユーロ財務省構想やユーロ共同債案などによる財政統合などの道しかないのだろうか。小さなヨーロッパという構想は生まれてこないのだろうか。

ユーロを共有し、豊かな生活を目指すという夢だけが生き続けようとしている。多様性における統一ではなく、多様性における非統一の尊重という思想は生まれないのだろうか。多様性における統一を掲げたEUは、いたずらにユーロを憎しみの製造機にしてしまった、と私は思っている。

繁栄を至上命題とし、繁栄から見捨てられた人々の群れが今、世界中に溢れている。平和が求められ、紛争が起きたバルカン半島もやっと落ち着いた。バルカン諸国には貧しい人々が暮らしている。しかし、経済危機が人々を駆り立てて騒乱が起こっているわけではない。

新しい世界秩序を模索する人々は、結局、新しい世界秩序をもって世界を支配せんとする、世界＝経済を支配せんとする怪物たちの餌食《えじき》になっている。彼らにより、ヨーロッパ合衆国がつくられ、やがては世界中央銀行もでき、そして、世界統一政府の誕生となる。

そのスケジュール通りに事は着々と進行中なのに、世界中のほとんどの人々は気づこうとさえしない。

ヨシュカ・フィッシャーは先に一度紹介した。彼は次のように書いて、ヨーロッパ合衆国誕生ドラマの脚本がすでに出来上がっていることを証している。


ユーロ圏には政府が必要である。現状では各国首脳だけで構成されるだろう。すでに、そうした動きも始まっている。また、共通の予算政策がない財政統合はあり得ず、国会がなければ何も決められない。つまり、各国の議会の指導者たちから成る「欧州議院」のようなものが不可欠だ。

当初、こうした議院はある種の諮問機関にとどめて、各国の議会は権能を維持してもいいだろう。だが、いずれは政府間条約に基づいて、各国議会を代表する議員で構成される真の意思決定機関にならなくてはならない。もちろん、この種の条約は、各国の主権が大幅に移譲されることになるため、(特に)ドイツを含むすべての加盟国の国民投票によって直接、信認される必要がある。

こうした組織があっても、経済的安定性の確保や成長の促進という共通政策をはじめとする、重要な課題に対処できるわけではない。だが、われわれが現在の危機から学んだことがあるとすれば、制度化もされ、信頼もされる組織がない限り、ユーロ圏はこれからの課題を課題として据えることさえできない、ということである。

フィッシャーのこの文章を読んで素直に受け入れられる人は、近い将来、ヨーロッパ合衆国の誕生の後、自由という大事なものを自ら、世界＝経済を支配せんとする怪物たちに差し出して、ゴイム(家畜)となることに満足する人である。この文章を震えながら読む人は、自由とは何か、その真の意味を知っている人である。

ヨーロッパ合衆国の構想はとうの昔に出来上がっていたのである。EU、ECB、そしてヨーロッパ発の地球規模の難局は、あくまでも予行演習なのである。もう少しでヨーロッパ合衆国構想が公の場に登場することになっている。そして人間は、自由の身を選ぶか、ゴイムに身を落とすかの試練を受けることになっている。

第二章■ヨーロッパ合衆国、そして世界統一政府の出現

御用学者ジャック・アタリが暴露する世界政府の青写真

八百長経済学仮説――6

グローバリズムが拡大した。このグローバリズムを制御する方法はない。金融システムもまた拡大し続けている。この金融システムの拡大を制御する方法もない。世界はグローバル化され、金融システムの複雑な動きの中で混乱の極みにある。そこで、国家を超えた国家の出現を希望する声が高まってきた。しかし、何よりも、国家を超えた国家を出現させてはならない。人間の自由のために。

私は、世界は、世界＝経済が中心になって動いており、決して世界＝政治、世界＝宗教・文化で動いているのではない、と主張する。経済力を持ち、経済力で世界を動かす者たちが、いつの世も支配者たりえた。かつてはそれは王であった。王はすでに過去の遺物となったのであろうか。私は、王の中の王であるハプスブルク家が二十世紀から二十一世紀にかけて王制復活を願って動きだしたとみている。かつての神聖ローマ帝国の皇帝であったハプスブルク家と、かつての部下であった三つの一族が勢力を今も拡大し続けている。諜報面でのタキシス一族、軍事面でのサヴォイ一族、そして財政面でのロスチャイルド一族である。

私はロスチャイルドとその一族を中心に、世界＝経済の仕組みを書いていく。しかし、その背後に、情報をロスチャイルドに伝えるタキシス一族がなければ、その深慮遠謀の作戦はうまくいかない。また、軍事力を持つサヴォイ一族の協力がなければ、強引な金融勢力を拡大しえない。情報力、軍事力、財政力の三つが互いに協力し合って、ハプスブルク家という元神聖ローマ帝国の皇帝をシンボルに担いで、もう一度、世界を支配せんとしていると私はみている。

タキシス、サヴォイ、そしてロスチャイルドの一族たちは世界中の銀行、巨大企業を子会社化している。ロスチャイルド一族が金融世界の中で巨大な実行力を発揮できるのは、ハプスブルク家、タキシス一族、サヴォイ一族が背後に控えているからである。

世界＝経済を支配せんとする怪物たちの主要メンバーの中に、間違いなく彼らがいる。そして彼らを取り巻く王族や貴族がいる。彼らは決して過去の人々ではなかったのである。

ヨーロッパ合衆国はいずれ、アメリカ合衆国と合併し、世界統一政府、すなわち、世界帝国が誕生することになっている。これは単なる空想物語ではないのである。

ジャック・アタリというユダヤ系フランス人思想家がいる。というよりは、タキシス一族、サヴォイ一族、そしてロスチャイルド一族の子飼いの思想家である。ミッテラン元フランス大統領特別顧問であった。「朝日新聞」(二〇〇九年十月七日付)にインタビュー記事が出ている。

今、世界経済に求められているのは「法の支配」だ。われわれは「第3次世界大戦」の瀬戸際にいるわけではないが、(経済だけが暴走し)法の支配のない、いわば「闇の市場」に陥る寸前にいる。それを回避するには、民主的な「世界政府」が必要だと信じている。

このジャック・アタリは欧州同盟(EU)誕生の影の立役者であった。その彼が、「毎日新聞」(二〇一二年四月二十二日付)に「ユーロの死」について書いている。

EUが資金を調達し、投資し、徴税する権限を持つ連邦にならない限り、ユーロは5年以内に姿を消すと考えている。歴史上、ある「国」の通貨でない通貨が長続きした例はないからだ。

ジャック・アタリは言われた通りの言葉を語るオウム人間である。彼によると、ヨーロッパ合衆国の設立は二〇一七年までになされることになる。そのジャック・アタリは、フランス大統領選挙が近づくと、サルコジ一派であったにもかかわらず、フランソワ・オランド側についた。二〇一二年五月六日、オランドが勝利して新大統領になった。「毎日新聞」(二〇一二年五月二十七日付）でジャック・アタリは次のようにオランド政権について語っている。

オランド政権が成功するかどうかは欧州が連邦の段階に進み、経済成長のための強力な手段を手に入れ、欧州共通通貨ユーロの競争力を維持できるかどうかにもかかっている。連邦制とは欧州が連邦予算を持ち、域内の富を再配分できるということだ。

この文章の中にヨーロッパ合衆国の具体的なプランが描かれている。「連邦制とは連邦予算を持ち、域内の富を再配分できるということだ」。ヨーロッパ合衆国に参加した国々の主権が完全に奪われるということを、ジャック・アタリは代弁しているのである。連邦制となり、ドイツの富は貧しい国へと再配分されることになる。ドイツ国民はそんな屈辱に耐えられると、世界＝経済を支配せんとする怪物たちは思っている。もし、ドイツ国民が富の再配分を認めなかったら、どういう結果になるのか。「毎日新聞」（二〇一二年四月二十二日付）の記事から再度引用する。ジャック・アタリはとてつもなく恐ろしいことを語っている。

（東西対立の冷戦構造の崩壊に伴う）ソ連・ワルシャワ条約機構の解体で存在意義を失った北大西洋条約機構（ＮＡＴＯ）を国連軍に改編して、国連の指揮下に置く。日本、中国、ロシアをＮＡＴＯに加盟させるべきだ。法の支配を世界に広げるには、世界警察としてのＮＡＴ

Oが必要だからだ。

世界＝経済を支配せんとする怪物たちの正体が見事に、右の文章の中に描かれている。「法の支配を世界に広げること」とは、ヨーロッパ合衆国の設立にあたって、反乱ないし不満分子を「法の名」によって殺戮する自由、ないし拘束する自由を、ヨーロッパ合衆国を実質的に支配する者たちが持つということを、ジャック・アタリが代弁しているのである。NATOは、日本、中国、ロシアをその支配下に置き、やがてこのNATOが世界警察となると予言しているのである。

ジャック・アタリの予言が正しければ、今の欧州連合は都合よく解体される。その解体作業にタキシス一族、サヴォイ一族が参加する。この両一族にNATOが加わり、有無を言わさず、反乱・不満分子の人間たちが処分される。ヨーロッパ合衆国に参加しないと表明した国家は村八分ならぬ「世界八分」の徹底的な差別攻撃を受けることになる。同様にして、NATO軍は国連軍となり、世界警察軍へと変化していく。そして世界統一政府がやがて完成する。

ジャック・アタリは著書『金融危機後の世界』（二〇〇九年）の中で次のように書いている。

世界は、グローバル化した複雑なシステムに覆われているわけだが、この「ゴーレム」とも言える意思も目的ももたないシステムは、人類に最大限に役立つと同時に、それが機能する過程ですべてを破壊することもある。というのは、こうしたシステムを動かす原動力には、道徳的配慮など、いっさいないからである。

ゴーレム（ゴイム）とはユダヤ人が他の民族の人々につけた「泥人形」という蔑称である。ゴーレムというユダヤ人以外の人間たちは、ユダヤ人が、これを作った主人として命令したと

日本の政治家や大マスコミが「欧州の知性」と奉るジャック・アタリ

きだけは、忠実に従う。しかし、意にそむくと彼らは凶暴化して始末に負えない人形に変身する。だから、泥人形たちを注意して働かせよ、と彼は主張しているのだ。こんな思想しか持たない思想家が日本にやってくると、テレビ局、新聞社は大挙して押しかけ、インタビュー記事を流す。この男を日本のジャーナリスト、政治家たちは〝欧州の知性〟として迎える。日本人は彼の正体を見破る知性の一片も持っていないと思わざるをえない。

二〇一一年一月に菅直人首相はジャック・アタリの『国家債務危機』(二〇一一年)を購読していたく感動し、来日したアタリと首相官邸で会談した。アタリは単細胞の首相の頭に「財政再建と経済成長は両立できる」と、とんでもない思想を吹き込んだ。このろくでなしは、「朝日新聞」(二〇一一年二月五日付)のインタビューを受けて次のように語った。

日本では危機の重大さがいまだに認識されていない。二〇三〇年の日本がどうあるべきか、そのために必要な改革の道筋を示すこと。それがいま日本が取り組むべきプロジェクトだ。

こんな口から出まかせの話を聞いた当時の菅直人首相は、二〇年後の日本のためのプロジェクトを立ち上げようとした。しかし、半年ももたず、首相の地位から滑り落ちた。ジャック・アタリをありがたがることは、世界=経済を支配せんとする怪物たちをありがたがることである。日本人もいずれ、二〇三〇年を待たず、近い未来に、世界政府のゴイム(家畜)となる日を迎えるであろう。ジャック・アタリは『国家債務危機』の中で、フランスの哲学者アランのこんな名言を書き留めている。

すべての個人と同様に、すべての国家は、借金をすることにより、自らの運命をもてあそびたいのかもしれない。なぜならば、借金とは、自分が生きている価値を、自分自身に対して証明するための最高の方法であるからだ。

ジャック・アタリは、世界＝経済を支配せんとする怪物たちを見事に描写している。彼らは国家と個人のすべてを借金漬けにすることにより、権力と富を獲得してきた、正体のはっきりしない寄生虫である。王も貴族も寄生虫である。国家と個人を借金漬けにすれば、国家と個人の自由を奪うことができる。ヨーロッパ債務危機とは、国家と個人を借金漬けにして、一度破綻させてしまおうとする予行演習なのである。

国家も個人も、借金で苦しめられた結果、自業自得の結果に喜びさえ感じているのかもしれない。そこで最後の抵抗をするものの、刀折れ矢尽きて倒れていく。その息の根をとめるように、世界＝経済を支配せんとする者たちが、世界警察を使って殺戮していくのだ。

私には、そのさまざまなシーンが、スクリーンで映画を観るように見えてきた。さて、読者よ、眼を閉じて、世界政府誕生のドラマを想像されよ。

ヨーロッパ合衆国の誕生から人類の悲劇が深刻化する

八百長経済学仮説――7

すべての世界システムは中心部を持つならば周辺部と辺境部を持つ。これは帝国であれ小国家であれ同様である。中心部は周辺部と辺境部の富を収奪しようとする。帝国はいつも辺境部を拡大してきた。辺境部への拡大が止まるとき、帝国は内部から崩壊した。辺境部の拡大とは別名を「グローバル化」という。ヨーロッパ合衆国、アメリカ合衆国、共産中国、そして世界政府も同様の運命をたどり、いつの日か朽ち果てる。

人間とは不思議な動物である。無限の欲望を持ち、その欲望達成のために熱狂する。私たちは、近未来の自分たちを推測しつつ生きていかねばならなくなった。昔なら、仕事でのちょっとした技術を持っていれば、一応の水準の生活を維持することが可能だった。しかし、グローバル化が進んだ結果、より高度の技術を持っていないと、生活水準を維持できなくなった。グローバル化は学歴差となって現われ、「再階層化」が進んだのである。と同時にグローバル化は、今までなら当然のことと受け止められていた、人々の政治参加の面でも共通の価値観を喪失させた。俗に表現するならば、集団として行動していた情熱を失うという結果となった。これが民主主義がその理想として掲げていたものの衰退を招いたのである。

ヨーロッパ危機がこのことをはっきりと証明してみせた。二〇〇八年のリーマン恐慌以来、ヨーロッパに極右と極左の政党が出現したのも、民主主義がその理想を失ったからに他ならない。ヨーロッパは何を失ったのか。ユーロという単一通貨を使うことによって、無理な「膨張」経済が進行した。消費こそが善であるという時代が到来した。ジャック・アタリがいみじくも表現した「借金とは、自分が生きている価値を、自分自身に対して証明するための最高の方法であるからだ」の中で明らかにされている。

しかし、善であったものが、突然に悪となった。善という行為が続かなくなったからである。「名目GDP」を押し上げてきた国民一人ひとりの借金生活が終わりを告げた日以降、自分自身の存在価値を高めていたものが消えて、人々は極右と極左の思想に走った。特に理解しやすいのが、極右、すなわちファシズムの思想であった。「緊縮政策・反対」「反緊縮・賛成」のプラカードがヨーロッパ中に（ドイツは例外として）掲げられた。

私はEUの後に、ヨーロッパ合衆国が誕生するというストーリーを書いた。しかし、このストーリーには但し書きが必要である。ヨーロッパ合衆国が誕生するとき、極右、極左の人々が大きなうねりとなり、暴徒化し、しかもそれが長期間にわたり続くのではないかという懸念である。NATO軍が世界警察の役を演じきれるのかという疑問である。

もう一つ大事なことがある。ドイツが自主独立のエネルギーを消失してしまったら、今までのような富を創造し続け、その富を貧しい国に無償で与えることができるのか、ということである。

ヨーロッパ合衆国は統一した「財務省」を創ることになっている。また、国家群として「共同債」を発行することになっている。私にはこのようなことがうまくいくとは到底考えられない。ヨーロッパは中国化するのではないだろうか。一年に八万件以上のデモや暴動が起きている共産中国のようになるのではないだろうか。また、ヨーロッパ合衆国の中枢に居座った高級官僚が利益を貪る世界が出現するのではなかろうか。ヨーロッパ合衆国の繁栄は、官僚たちの夢で終わる可能性が大である。

ヨーロッパを貧しい国にして、再度、王と貴族たちのために人々を働かせる国家に創り変えることを、世界=経済を支配せんとする怪物たちは目指しているのである。

その世界=経済を支配せんとするロスチャイルド一族の配下に、ジョージ・ソロスというユダヤ人投資家がいる。彼はヨーロッパ合衆国に対し、懸念している。「ニューズウィーク日本版」(二〇一二年一月一日号)、「ソロスが語る最悪の時代を生き抜く方法」から引用する。

ユーロが崩壊して無秩序状態に陥れば、歴史上何世紀にもわたりヨーロッパを引き裂いてきた政治対立がよみがえる恐れがある。極端なナショナリズムが噴き出し、排外主義が勢いを増しかねない。ヒトラーの時代、その標的になったのはユダヤ人だった。今日は、ロマ人やイスラム教徒にその矛先が向けられるかもしれない。

フランスでは、ロマ人（ジプシー）とイスラム教徒の排斥運動に火がついている。サルコジ前大統領は自分の人気取りのために、ロマ人をフランスから追い出そうとした。ソロスは危機について次のように語っている。

危機のときには、不可能が可能になることがある。人々の行動次第で、EUが輝きを取り戻す可能性もある。アメリカには、厳しい試練を乗り越えて、これまでより強靭な政治システムを築くことを期待している。

危機のとき、私たちは悲観論者になりがちである。一歩後退して、どうしてこんな危機が訪れたのかを検討してみなければいけない。そうすると、危機が故意に作られたものであることを知る場合が多い。

危機を仕掛ける側に立って、ソロスは「不可能が可能になることがある」と言っている。世界＝経済を支配せんとする怪物たちの立場に理解を示しつつ、「EUが輝きを取り戻す可能性もある」とソロスは語っているのだ。そのためには「これまでより強靭な政治システムを築き」、「世界＝経済を支配せんとする、王族や貴族たちは一層の努力をしないといけない」と彼は語っている。

このことは立場を変えれば、国民も努力次第で、王族や貴族の野望を打ち砕くことが可能であることを証している。未来という言葉は複数形である。どんなときでも、いろんな未来が可能である。

ソロスは二〇一二年一月二十九日に閉幕した世界経済フォーラム年次総会（通称「ダボス会議」、スイス）で、「イタリアやスペインが低コストで国債を借り換えられる枠組みを欧州当局が整えるべきだ」と発言した。だがその真意は、「そいつは無理だろうから、EUを解体しろ」という思惑が見えてくる発言であった。

また、このダボス会議でルービニ・ニューヨーク大学教授は「貧富の格差がさらに広がれば、排外主義が台頭し、民主主義体制が一部で崩れた一九三〇年代のようになる恐れもある」と悲観論者らしく警鐘を鳴らした。

緊縮財政策をとれ、否、積極財政策をとれ、と世界中でさまざまに議論されてきた。しかし、ドイツのような国にもしスペインやイタリアがなったら、間違いなく世界経済は崩壊するのである。ヨーロッパにドイツのような国は一国で十分なのだ。なぜなら、需要が限りなく減っているときに供給が増えれば、世界は悲惨な様相へと転落するのである。ドイツという「前進」があり、ＰＩＩＧＳ諸国という「後退」があって、バランスが取れていたのである。

経済とは何かを改めて私たちは問わねばならない。経済とは生きるための知恵である。ＰＩＩＧＳを柵の中に閉じこめてはならないのである。「狼は生きろ。豚は死ね」などと叫んではい

ユダヤ人投資家ジョージ・ソロスは
世界＝経済を支配せんとする怪物たちの広報マン

けないのである。ＰＩＩＧＳ諸国の国民を柵から解放し、それぞれの通貨を自由に作らせて生きてもらうべきことに気づかねばならない。貧富の差は当然なのである。ＰＩＩＧＳにユーロの無限使用を認めたことは「豚に真珠」であった。

経済学者も経済評論家も、まずは心理学者であれ！

「あらかじめ決められた恐慌」が世界に襲いかかる

八百長経済学仮説――8

経済学は歴史から人間の戦争を学ぶ。また、その戦争から、富める者と貧しい者がどのようにして誕生したのかを学ぶ。そして、「貴あれば賤あり」の意味を知るべし。人間は生まれた時からこの差別を受けて育つ。そして、「貴あれば賤あり」の思想にどっぷりと浸ってしまう。真の経済学を学ぶ者は、智者となり、賤なる人の味方となって闘うべし。人は一人ひとり、英雄であれ。

私は俗にいう差別主義者でもなければ、差別反対の運動家でもない。私は真の経済学とは、歴史学や心理学、一言で表現すれば、歴史哲学と同じであると思っている。数学やグラフや図形を多用して経済を論ずる経済学者や経済評論家たちは、毎日何を考えて生きているのであろうかと疑問を持っている。数字やグラフや図形でこの世界=経済を説明できると思っている彼らと私とはまったく異なっている。

私は拙著『八百長恐慌！』の中で次のように書いた。


サブプライムを仕掛けた真犯人は、ゴールドマン・サックスの真の経営者にちがいない。そいつらは海の向こうにいるにちがいない。そいつらは、イギリスとスイスにいると私は睨《にら》んでいる。国際金融寡頭勢力が、多くの銀行家、投資会社のトップをどこかにある時集めてストーリーを語ったにちがいない。証拠はあるのか、との問いに私は次のように答えて話を進めようと思うのである。

――そんな証拠の一片もない。だからこそ、悪徳の神々を捜し出す努力をしないといけないのだ。この世界に悪疫《あくえき》のサブプライムというペスト菌をまき散らした奴らの正体を暴き出す以外に人類の未来は暗いのだ――。


右の文章を書いてから四年の歳月が流れた。「そんな証拠の一片もない」と私は書いたが、それが当時の正直な告白であった。リーマン恐慌後にその本は出た。あれから四年、私は〝証拠〟なるものを求めてきた。そして、この本が出来上がった、というわけである。

では、ゴールドマン・サックスの真の経営者の話から始めてみようと思う。「日本経済新聞」（二〇一一年八月二十日付）に「欧州銀、リストラ相次ぐ」という記事が出た。HSBC（香港上海銀行）のことが書かれている。まずは新聞記事を引用する。

ＨＳＢＣは今月、米クレジットカード事業を米大手キャピタル・ワン・ファイナンシャルに売ることで合意した。売却に伴いＨＳＢＣは24億ドル（約１９００億円）の利益を計上。カード事業のリスク資産が無くなることもあり、資産が分母の自己資本比率が向上する。米国では法人向けビジネスに集中していく。

今年度上半期（1月～6月）で欧州銀最高の約90億ドルの純利益を上げたＨＳＢＣはいわば〝勝ち組〟。それでも今年初め就任したスチュアート・ガリバー最高経営責任者（ＣＥＯ）は35億ドルのコスト圧縮を掲げ、全世界で従業員を３万人減らす方針。米カード事業売却もその一環だ。

収益好調でもリストラを進める背景にあるのが、国際的な資本規制の強化。銀行が新規制を達成するには、政府の財政問題で市場不安が続いても安定した収益を稼ぎ、内部留保をためる必要がある。

自己資本引き上げを急いで普通株増資へ動く大手行が出てくるとも予想される。実際に増資となれば成長戦略を市場に示さねばならない。

新しい銀行資本規制が二〇一三年から採用されることになっている。この規制は、スイスのバーゼルにある国際決裁銀行（ＢＩＳ、通称「バーゼル・クラブ」）が二〇〇八年の金融危機後に決めた。主に普通株と内部留保で構成する、狭い定義の中核的自己資本のリスク資産に対する比率を健全性の物差しとして採用することになった。主要行は実質七％以上を保つよう義務付けられた。

銀行監督当局で構成するバーゼル銀行監督委員会が決定したので「バーゼルⅢ」と呼ばれている。この「バーゼルⅢ」が採用されると銀行は一層の貸し渋り、貸しはがしをするようになる。ドイツの銀行も「バーゼルⅢ」の影響を受けて他の国への貸し出しが困難になる。

この「バーゼルⅢ」を決定した国際決裁銀行は、完全にロスチャイルド一味の手に落ちている。ＨＳＢＣは二〇一三年以降、世界の銀行のトップに君臨することは間違いない。この「バーゼルⅢ」から見えてくる世界は悲惨なものである。マネーの流通が急激に減るということは、借金国や借金まみれの銀行が倒産の瀬戸際に立たされるということである。

これは予言でも予測でもない。世界崩壊のシナリオがすでに作成されていて、それを実行に移すべく二〇一一年から準備期間に入っているということである。ヨーロッパの銀行が倒産していき、国民が銀行に見放され、国家さえもが倒産する危機を演出する悪党たちがいることを知る必要がある。

私はリーマン恐慌とヨーロッパ危機とは同時進行であったと考えている。ＨＳＢＣとバークレイズのイギリスの両銀行と、ＵＢＳ（スイス）が、ドイツ銀行とゴールドマン・サックスを誘い込んで行なった八百長劇であったと思っている。バークレイズもUBSも、HSBCと同時期に人員整理をした。この銀行群はヨーロッパ危機も演出したのである。

二〇一三年に「バーゼルⅢ」が実施される。あと数カ月でヨーロッパをはじめ、世界に再度のパニックが襲ってくる。世界＝経済を支配する連中は、イギリスとスイスという、ユーロを使用していない国に棲《す》みつき、ゆっくりと世界崩壊のシナリオを作成し、事の成り行きを見つめている。先に紹介したジャック・アタリやジョージ・ソロスは、この一味の子分であり宣伝係である。

二〇〇九年十一月十九日、EUの初代大統領にベルギー首相のヘルマン・ファン・ロンパウが選ばれた。ベルギーのブリュッセルにEUの本部がある。事前の予想では、イギリスのブレア前首相が選ばれるとみられていた。この人選に、ビルダーバーグ会議の影響がみられるという説がある。ビルダーバーグ会議はヨーロッパの王室と貴族、そして大企業のオーナーたちの秘密会議である。ビルダーバーグ会議でヨーロッパ合衆国設立のスケジュールが決定していることは間違いない。

国際決裁銀行（バーゼルクラブ）、ビルダーバーグ会議、ダボス会議などは一つの秘密組織である。ヨーロッパの王族、貴族、そして一部の政治家、彼らこそが世界＝経済を支配せんとする怪物たちである。彼らの多くは、イギリスとスイスに棲みついている。そして、世界を動かすべく対策を練っている。アメリカもドイツも彼らの意のままに動かされている。

世界は複雑なようであるが、実はいたって簡単である。彼らが、長い月日をかけて民主主義という実験工場を地球上で製作したあとに、再び、専制政治の世界に戻そうとしているのである。彼らの思惑どおりに、神聖ローマ帝国が二十一世紀に甦えるのであろうか。それとも、彼らを排撃する民衆が勝利するのであろうか。

私は次章以下で、アメリカと中国、そしてヨーロッパ危機について考察していく。リーマン恐慌が「あらかじめ決められた恐慌」であったことを読者は知るようになる。中国もその恐慌のための役割を果たしつつある。ヨーロッパ危機は、「あらかじめ決められた恐慌」の帰結なのである。

二〇一三年、この新しい戦争が始まろうとしている。

第三章 ■ リーマン恐慌と八百長経済学

グリーンスパンFRB議長は操り人形だった

八百長経済学仮説——9

必然なるものに、聖なるものを発見したときは、頭《こうべ》を垂れるべきである。

必然なるものに、邪悪なるものを発見したときは、心剣をもって立ち上がるべきである。

必然なるものに、故意なるものを発見したときは、探索者となるべきである。

必然なるものに、この世を破壊しかねない八百長を発見したときは、その八百長を告白する正義の士となるべきである。


ボブ・ウッドワードは『グリーンスパン　アメリカ経済ブームとFRB議長』(二〇〇一年)の中で「FRBの外部でも、いまでは議長を批判する勇気をだれももたないようだ。これまでの成功によって、議長は批判を受けなくなっただけでなく、当然の疑問すらもたれなくなった。

だれに選ばれたのかという疑問である」と書いている。

一応、ＦＲＢ（連邦準備制度理事会）の議長はアメリカ大統領により任命されるという形になっている。しかし、実際はＦＲＢ内部で決定した議長を大統領が任命するにすぎないのである。「アラン・グリーンスパンはだれに選ばれたのか」という疑問を持ちたいものである。

私はあなたに、あなた自身の神話を創造せよ、と言いたい。それは一つの世界観の創造である。神秘的な体験をもとめて瞑想の中で旅をすることをすすめる。そうすると、その旅の中で不思議な体験をする。あなたの眼前に知恵の扉が開かれる。

アラン・グリーンスパンが何者なのかを瞑想の中で知ろうとするとき、彼がバブルで演じた役者としての芝居の幕が上がる。

グリーンスパンは、ニューヨークのしがない音楽家だった。偶然か必然かは知らないが、ロシアから亡命したユダヤ人の女流作家アイン・ランドに育てられ、若き愛人となった。アイン・ランドは同じユダヤ系のグリーンスパンを、フランスにいるフィリップ・ド・ロスチャイルドに紹介した。アイン・ランドはフィリップの愛人でもあった。この三人芝居の中からＦＲＢの議長が誕生してくる。グリーンスパンはフランスからロンドンに行き、国際金融市場を支配しているシティの試験を受けて合格する。ＦＲＢ議長の誕生となる。

このグリーンスパンの出世物語は大きな八百長劇を知る上での第一歩となりえる。隠れた知恵で隠れた秘密を解き明かさねばならない。見えない風景を見る力が要求される。見えない風

若き日のグリーンスパン（上右）は女流作家アイン・ランド（上左）に育てられ、そのランドはフィリップ・ド・ロスチャイルド（下）の愛人であった

景こそが歴史なのである。グリーンスパンはＦＲＢ議長の座を去った後に、歴史上の偉人となった。この歴史となった人物を追ってみると、いかにアメリカを舞台に三文芝居が演じられ続けたのかが分かる。

二十一世紀に入り、ＩＴバブルがはじけた後にグリーンスパン（当時ＦＲＢ議長）は、積極的な金融緩和政策をとった。これが後のバブルを生んだ。彼は「証券化やオプション・プライシングといった金融イノベーションにより、リスク分散を図る新しい手段が生み出された。住宅のような、従来は非流動的だった資産の流動性が高まった」とたびたび公の場で発言し、住宅バブルを煽った。また彼は、「リスク資産の価格がどんどん値上がりするのは正常なのだ」とも主張し続けた。

グリーンスパンが「バブルの物語」を演出し続けたのはなぜか。二〇〇七年、金融危機が迫った時点でも、彼は「アメリカの長期にわたる経常赤字を重要なリスク要因とはみなさない」と発言している。しかし、リーマン恐慌後の二〇〇八年十月二十三日、グリーンスパン前FRB議長は公聴会で自らの非を認めた。

下院政府改革委員会委員長ヘンリー・ワックスマンに「あなたの世界観、あなたの理念は正しかったのか」と問われ、グリーンスパンは次のように答えた。

「その通りです。私が衝撃をうけたのはまさにそのためです。四〇年以上仕事をしてきて、それがきわめてうまく機能している事例をすくなからず見てきたのですから」

二〇〇五年、グリーンスパンは「アメリカの住宅市場に全国的なバブルは見られないが、地域によってフロス（泡）の徴候がある」と発言している。バブルははじけてみて初めてバブルだった、というわけである。グリーンスパンは資本家たちの使用人にすぎなかった。その資本家たちに迫ってみよう。

恐慌の衝撃波はヨーロッパからやってきた

「巨大複合金融機関」（ＬＣＦＩ）という言葉がリーマン恐慌の前後に、よく新聞や雑誌などに登場した。しかし、この言葉はなぜか使用されなくなった。たぶん、ＬＣＦＩと呼ばれることに不都合な連中がメディアに圧力をかけて使用禁止にさせたからにちがいない。

私は、「世界＝経済を支配せんとする怪物たち」という言葉を創り出した。時折り、省略の形で「怪物たち」と呼ぶことにする。リーマン恐慌は、世界＝経済を支配せんとする怪物たちにより、企画・演出されたのである。そのために、アラン・グリーンスパンはＦＲＢ議長に仕立てられ、マエストロ（巨匠）の称号を彼ら怪物たちから授けられたのである。怪物たちなどと書くとハリウッド映画を連想するといけないので、「金融マフィア」「ザ・オーダー」「権力者たち」などと呼ぶこともある。皆、同じ「怪物たち」と思ってよい、とする。

八百長経済学仮説――10

世界＝経済を支配せんとする怪物たちは、対立項の中でものを考える。「これ」と

「あれ」、「真実」と「虚偽」……。しかし、彼らは、思考とその結果生じた事実を、彼らの創造した時間の中にひた隠しにする。八百長経済学は、彼らの創造した時間の中に入りこみ、思考とその結果を暴《あば》き出す。

正しい知恵を持って、世界＝経済を支配せんとする怪物たちの正体を見抜かねばならない。その力の源泉はどこにあるのか。それは、世界＝経済の世界から遠くはなれたところ、あなたの精神の孤独の中にある。あなたは怪物たちが見せつける必然性の罠《わな》を象徴的手法で見破らなければいけない。もし、あなたが精神の孤独に耐えられない人であるならば、この世界の真実の姿を直視することなく、経済学者や経済評論家たちと同じように、権力の影におびえて、真実の場から去らなければならない。

私はバブルを演出したのは二〇〇〇年代初めのブッシュ大統領、チェイニー副大統領、ポールソン財務長官、グリーンスパン前FRB議長、そしてバーナンキ現FRB議長たちであると思っている。彼らが〝滅亡のシナリオ〟通りに動いた。そのシナリオを書いたのはヨーロッパの悪魔たちであった。

巨大複合金融機関（LCFI）について、私は拙著『八百長恐慌！』の中で次のように書いた。「常に巨大な利益を上げるために、八百長システムをつくっている。テロ組織、麻薬組織とも裏で結ばれ工作している。汚れた金を洗浄する部門を持っている。暗殺会社＝マーダー・インクとも結びついている。彼らは危ない橋を渡っている。大企業や公共団体に金を貸して利益を得ている。〝商業銀行〟という顔は、いちばん表の姿にすぎない」

このLCFIなる複合の巨大金融体を支配するのが、世界＝経済を支配せんとする怪物たちである。この怪物たちが間違いなく棲んでいるのがロンドンの金融街、シティである。特に、HSBC（香港上海銀行）が彼らの住処である。住宅ローンの債券を売り出した大元はHSBCであった。

HSBCはサブプライムローンで全米第二位のニューセンチュリー・フィナンシャルへの資金提供を二〇〇六年末に中止した。ニューセンチュリーは二〇〇七年四月二日、破産した。二〇〇六年末の時点で、リーマン恐慌が起きることをHSBCは事前に知っていたということになる。HSBCはサブプライム債券で数千億ドルを稼ぎ出し、タックス・ヘイブンに隠した。二〇〇七年中にSIV（特別会社）の債務を自己の銀行の損失金に入れて処理した。

アメリカを舞台に、数多くの子会社を設立し、幽霊会社SIVをつくり、数多くのヘッジファンドに資金を提供した。アメリカの格付け会社に、ほとんど価値のないサブプライム債券にトリプルAの保証を付けさせた。その片棒を担ったのがアメリカの投資銀行ゴールドマン・サックスであった。同じ手口でスイスの金融大手UBSが追随した。また、ドイツ銀行もアメリカでサブプライム債券を売りまくった。

私たちは知らなければならない。なぜ、ヨーロッパの巨大銀行がアメリカにバブルをつくり、崩壊させたかを。

八百長経済学仮説——11

株価が上がる、下がる……、為替相場が変動する……、企業が倒産する……。経済学者や経済評論家たちは、こんなことばかり書いている。世界＝経済を支配せんとする怪物たちは、彼らをゴイム（家畜）あるいはゴーレム（泥人形）と呼ぶ。八百長経済学は、怪物たちの正体を暴くと同時に、経済学者、経済評論家の正体も暴く。

ゴールドマン・サックスがリーマン恐慌を仕掛けた

ゴールドマン・サックスという投資会社はリーマン恐慌後に商業銀行となった。モルガン・スタンレーも投資銀行から衣替えした。私は拙著『八百長恐慌！』の中で「サブプライム惨事での損失がほとんどなく、二〇〇七年度も〇八年度も利益を上げているからである。ゴールドマン・サックスのCEOは真の支配者に最も近い人物である。その真の支配者はヨーロッパにいる」と書いた。ゴールドマン・サックスを大きく育てたのはロスチャイルドである。

八百長経済学仮説――12

アングロサクソンとユダヤの富豪たちが、かつてヨーロッパを支配していた王室と貴族たちと組み、世界統一政府を作るべく、国際金融寡頭勢力を組織した。この勢力にカトリックが加わった。八百長経済学のみが彼らを追跡する。ゴイムである経済学者及び経済評論家たちは、権力の影におびえている。

ヨーロッパの栄華の時代、ハプスブルク王家がその中心にいた。そして、イギリス王家などと血族をなしていた。私は、王族と、貴族と、そしてカトリックがユダヤの金融勢力とともに世界統一政府を作ろうとしている、とみている。リーマン恐慌を演出したのは世界統一政府を目標とする連中であることを知るべきである。決して、暴走資本主義とか、強欲資本主義だけでは、大恐慌は発生しないのである。こうした歴史的な視点からゴールドマン・サックスも見なければならない。

クリントン政権で財務長官を務めたロバート・ルービンはゴールドマン・サックスの共同会長。ブッシュ政権の財務長官のヘンリー・ポールソンの前職はゴールドマン・サックスの会長兼最高経営責任者であった。ルービンも、ポールソンも、ヨーロッパに巣喰う権力者たちによりアメリカ政府の財務長官に任命されたのである。FRB議長と同じパターンである。

ゴールドマン・サックスは二〇〇六年十二月にサブプライムから撤退する準備に入る。世界最大の資産を有するHSBCと歩調を合わせるのである。彼らゴールドマン・サックスは、二〇〇六年十二月から二〇〇七年十一月の一年間で一兆二三〇〇億円の純利益を稼ぎ出した。ゴールドマン・サックスの親会社にあたるHSBCはその数十倍の利益を出し、SIVなる幽霊会社を通してタックス・ヘイブンに隠した。

マイケル・ルイスの『世紀の空売り《からうり》』(二〇一一年)から引用する。

低層階の債券を売りやすくしようと、ゴールドマン・サックスがひねり出した――やがてみんながまねをする――妙案は、今考えると、魔術に近いものだった。百の異なるサブプライム・モーゲージの塔から、それぞれ一階ぶんを計百枚（百の異なるトリプルB債券）寄せ集めたうえで、見た目はともかく、二枚としてまったく同じものはない、と格付け機関を説得したのだ。これもまた、新種の分散投資型ポートフォリオです！

でたらめもいいところだった。元の百基の塔は、同じ氾濫原に建っているのだから、ひとたび洪水が起これば、すべての塔の一階が等しく被害を受ける。ところが、格付けのたびごとにゴールドマン・サックスを始めとするウォール街の投資銀行からたっぷりと手数料を受け取る格付け機関は、なんと、新しい塔の八十パーセントをトリプルAと認定したのだ。

なんとも面白い話である。投資家という人種は格付け機関に弱いときている。ゴールドマン・サックスは心理学を巧みに応用したのである。

八百長経済学仮説――13

人間は権威ある人間や物に簡単に騙《だま》されやすい。物的情報をたえずゴイムたちに提供すればそれが信仰となる。八百長経済学は、物的情報を精神的原理の力を使い、精神的情報へと置換せよと説く。八百長経済学は、精神的情報解析学でもある。

格付け機関がいかに儲かるかについては異論はない。投資銀行から依頼される格付けの件数と手数料によって経営が成り立っている。だから、「トリプルAと格付けしけろ」といわれればその通りにする。ムーディーズは、二〇〇一年の売上高は八億ドル。サブプライムの格付け全盛期の二〇〇六年は、二〇億三〇〇〇万ドルだった。

格付け会社については、各国の国債について論じるときに詳述したい。この格付け会社を支配するのは、世界＝経済を支配せんとする怪物たちであることを付記しておく。

リーマン恐慌で消えたカネはタックス・ヘイブンに流れた

二〇〇八年九月十五日にリーマン・ブラザーズが倒産し、リーマン恐慌が発生した。多くの人々が財産を失くした(このことは後章で詳述する)。そして、大手銀行も大きな損失を出した。私たちはそう信じている。しかし、あのリーマン恐慌は故意につくられた八百長恐慌であった。私はリーマン恐慌の寸前に新著の草稿を書き上げていた。そこでリーマン・ショックが発生したので、一部を書き加えて一カ月後に『八百長恐慌!』として世に問うた。

私は恐慌が近づいていることを予期できた。なにゆえなのかは書かずもがなである。マネーの動きが激しくなっていく様相に注目し、二〇〇八年五月から七月にかけて、原稿を書き進めていたのである。

私が恐慌を意識したのは、シティグループのCEOであったチャールズ・プリンスと、メリルリンチのCEOであったスタンレー・オニールに関する「週刊エコノミスト」(二〇〇七年十二月四月号)のコラム記事を読んだのが最初であった。引用する。

「株主に損失を負わせる愚かな意志決定をする一方、自分のポケットの皮算用をするウォール街のＣＥＯの説明責任はどうなっているのか」（米国の低所得向け高金利住宅ローン〈サブプライムローン〉の損失で辞任したプリンス・シティグループ最高経営責任者〈ＣＥＯ〉、オニール・メリルリンチＣＥＯの巨額退職金をレラチ弁護士が「ワシントン・ポスト」紙で批判して）

この二人のＣＥＯは合計二〇〇億円の退職金を手にしたのであった。「何かがおかしいぞ」と私は直感した。私は『八百長恐慌！』の中で次のように書いた。

一つの疑問を読者に投げかけてから、前へ一歩踏み出そう。

「大損した、大損したと、あの金融家たちは一方的にニュースを垂れ流すが、その大損したという金はどこへ消えたのでしょうか？」

八百長経済学仮説――14

二〇一〇年の株式時価総額、債券発行残高、銀行などの貸出残高の合計は二一二兆ドル（一京七一七二兆円）。この年の世界の国内総生産（ＧＤＰ）を合わせた額の三・四倍。なぜ、こんなに金が増えたのに、多くの人々は貧乏になっていくのか。八百長経済学はこのマネーが世界＝経済を支配する怪物たちの手で動かされていることを解明する。

一九九五年、世界のGDP総額は約三〇兆ドル。市場にあるマネーは七二兆ドルであった。一五年後の二〇一〇年、市場のマネーは一四〇兆ドルも膨らんだ。ただし、GDPは三三兆ドル増えただけだ。

サブプライム危機が問題視されだしたのは二〇〇七年であった。アメリカは海外から資金を受け入れ、その資金で新興国に対外証券投資をして利益を上げていた。経常赤字の穴埋めを、その利益によって補っていた。しかし、そのアメリカ自身がサブプライム化した。原油価格も急騰した。経常赤字を穴埋めできなくなった。経常赤字の不足分をタックス・ヘイブン経由でイギリスから補塡《ほてん》してもらうしかなくなった。

タックス・ヘイブンは「租税回避地」と訳されている。しかし、このヘイブン（避難所）といわれる島々ではマネーロンダリングをしている。イギリスが今も金融王国でいられるのは、マネーロンダリングをしているからである。世界中のダーティ・マネーがロンドン・シティからタックス・ヘイブンを経由して世界中に流れていく。あのリーマン・ショックの前に、イギリスは故意にアメリカへの資金流出量を減らした。

「日本経済新聞」（二〇一二年七月十八日付）から引用する。

上院国土安全保障政府問題委員会は16日、英大手銀行ＨＳＢＣグループのマネーロンダリング（資金洗浄）に関与した上、防止策に重要な不備があったとして早急な改善措置を勧告する報告書を公表した。日本の大手地方銀行北陸銀行を経由する格好で、ＨＳＢＣが多額の資金洗浄を助長した可能性を記述している。

リーマン恐慌はこうして見事に流出されたのである（タックス・ヘイブンについては後章で詳述する）。

今、市場には一〇〇兆ドル以上の金が余っている。この金はロンドン・シティとウォール街の手によって、さらに増殖され続けている。これらの金は「リスク資金」である。このマネーを世界＝経済の怪物たちが動かしている。世界中から、安定した資金（一般の人々が持っている資金）を奪うために、リスク資金が暴れ回っている。リーマン恐慌は、中流階級のみならず下層階級をも巻き込んで、彼らの安定資金を奪いゴイム化（家畜化）するために仕掛けられた巨大なネズミ講であった。

水野和夫の『終わりなき危機　君はグローバリゼーションの真実を見たか』（二〇一一年）から引用する。

一九九五年から国際資本の完全移動性が統計的に確認できるようになると、米国は国境を越えてすべてのマネーがウォール街に通ずる「電子・金融空間」を築き上げた。この空間において二〇〇八年までのわずか一三年間で、一〇〇兆ドルを超えるマネーが新たに創出された。リーマン・ショックが起きたのは、この空間が行き詰まって、サブプライム層のほかに「未知なるもの」を見いだせなくなったからである。

水野和夫は「わずか一三年間で、一〇〇兆ドルを超えるマネーが新たに創出された」と書いている。二〇〇八年から二〇一〇年までのわずか二年間で、四〇兆ドルのマネーが新たに創り出されたことになる。リーマン恐慌とは、アメリカ市民から（全世界中からではあるが）大量のマネーを奪い、借金漬けにするだけでなく、ＬＣＦＩ（巨大複合金融機関）の連中の手に四〇兆ドルのマネーを与えたというわけである。誰がそんな巨額のマネーを彼らに与え続けることができたのか。後章でその謎に迫ってみる。

少し余分なことを書く。水野和夫を私は歴史学者、そして人文学者だと思っている。経済学者や経済評論家とは思っていない。今紹介した本の中でもそうであるが、彼は芸術家鈴木忠志との交流について書いている。そこで鈴木忠志の「世界は病院である」説を解説している。ここでは「毎日新聞」（二〇一一年九月十五日付）の「世界は病院である」から一部引用する。

「世界は病院である」と思想家であり演出家の鈴木忠志さんは言う。富山県旧利賀村（南砺市）で鈴木さんの演劇を今年の夏も見てきた。「新々・帰ってきた日本」など作品の多くには看護婦や車椅子に乗った精神病患者が登場する。80年代半ばのバブルがはじける前「世界は病院で、その中に人間は住んでいるのではないか」という視点で劇は創られている。

まさに水野和夫が書いている通りである。今、世界病院という名の巨大病院ができている。患者の病名は「成長病」である。彼らは「もっともっと……」と毎日叫んでいる。

八百長経済学仮説——15

「もっともっと……」と叫ぶ成長病が世界中に流行《はや》ってから世界中の病院は狂気の人々で溢れ出した。経済学者や経済評論家も同じ病気にかかり、「もっと成長を」と叫んでいる。八百長経済学は成長病患者の口を封じ、薬を投与する。「黙っておれ」という薬を投与しても、「もっともっと……」と叫ぶ連中から遠ざかっていく。八百長経済学の英知なくしてこの世は救えない。

次章では、世界がいかに巨大な精神病院と化していったのかを、アメリカを中心に書くことにする。

私たちは「大きな物語」を発見し、またそれに期待して生きてきた。しかし、二十一世紀に入ると、「大きな物語」が幻想であることを知らされるようになった。欲望という名の世紀は二十世紀をもって終わりを告げたのに、成長神話がいまだに生き続けている。この成長神話こそがバブルの生みの親であることを知る必要がある。デフレを悪とし、インフレを善とする思想によって、世界は巨大な病院と化したのである。

第四章 ■ アメリカは巨大な精神病院と化した

一年に約二〇兆ドル＝一六〇〇兆円のマネーが増えている

「日本経済新聞」（二〇一二年三月二十五日付）に「市場の心理学」という記事が出た。

年明けから始まった世界的な株高、その転機をいち早く示唆した指標がある。シカゴ・オプション取引所が算出するＶＩＸ（ビックス）指数だ。

ＶＩＸの値は米国株の値動きの激しさ（ボラティリティー）に応じて変わる。投資家の迷いや不安が高まり、値動きが激しくなると上昇するので別名は「恐怖指数」。20ポイントを超すと警戒ゾーン、30ポイント超は危険ゾーンとされる。２００８年のリーマン・ショック後に80ポイントまで急騰、市場心理の指標として有名になった。（中略）

この指数に連動する先物取引は昨年の売買代金が３千億ドル。５年間で約50倍に膨らんだ。「恐怖」という人間心理の動きは単なる指標にとどまらず、今や人気の金融商品にもなっている。

私たちは毎日毎日、たくさんのニュースを聞くなり読むなりしている。しかし、瞬時に流れ去るこれら市場の情報は本当の情報ではない。株価の上下の動き、為替の動きを毎日知って不安と期待を持つ。これらの情報をもとに、日本経済の現状と未来を論じてもたいした意味はない。知識と情報が金融史の中で論じられなければならないのに、知識と情報と金融史が無視されている。だから、「恐怖」の世界を経済学者や経済評論家たちが一般の人々にパンデミック(世界流行)のように伝える。

私たちは「歴史のかけら」を広い集め、「情報のかけら」を分析しないといけない。一番大事なことは未来が一つではなく、複数であることを知ることである。

八百長経済学仮説──16

資本主義は〝宗教〟である。非合理性と暴力性を内に持つ〝宗教〟である。経済成長か、それとも人間性かと、二者択一を求める。資本主義は恐怖を演出しつつ無限の成長を要求する。主流派経済学はこの資本主義に奉仕している。八百長経済学は主流派経済学者と経済評論家に「恐怖をまき散らすな」と警告を発し、多くの人々に、反資本主義(共産主義ではない)への道をすすめていく。未来は一つではない。未来は一人ひとりが作るものである。

私は二〇一〇年に、「二二二兆ドルのマネーが世界中にある」と書いた。それは、「株式時価総額と債券発行残高、そして銀行などの貸出残高の合計である」と書いた。株式総額もマネーとしていつでも使える。債券発行残高もしかりである。二〇一二年の今、一年で二〇兆ドル(約一六〇〇兆円)のマネーが増えている。しかし、このマネーの大半は、実体経済でのマネーは少なく、そのほとんどは金融資産である。間違いなくタックス・ヘイブンに隠されていて、ほんの時折り、その巨大な姿を見せる。私はこの増殖し続けるマネーは、その大部分が、世界＝経済を支配せんとする怪物たちが、ベン・バーナンキFRB議長とその配下の者とを脅し、闇でドルを大量に印刷しているからにちがいないとみている。

何の目的でドルを大量に印刷させようとするのか。ある日、ある時、アメリカという帝国を滅ぼすためである。その証拠はあるのかという読者のために、一冊の本から引用する。

藤井厳喜の『超大恐慌で世界の終わりが始まる』(二〇一二年)に次のようなことが書かれている。

2011年11月28日付のブルームバーグの「マーケッツ・マガジン」記事で、従来知られていなかった巨額の資金供給がFRBから民間銀行に行なわれたことが暴露された。この第四の資金供給パイプは、FRBから直接、行なわれた民間金融機関への貸付及び債務保証であり、2009年3月時点で、これがなんと総額7兆7700億ドルに及んでいるのである。これは当時のレート1ドル110円換算では約800兆円となり、なんと日本の1年間のGDPを軽く300兆円も上回る。ただし、この記事掲載後、バーナンキ議長はブルームバーグを名指ししなかったものの貸出し額は「極めて不正確」と指摘し、いずれの日においても、緊急流動性プログラムの信用額が約1兆5000億ドルを超えたことはないと発言した（ブルームバーグ報道とバーナンキ発言の落差については、未だ真相が明らかにされていない）。

読者はこの文章を読んでどのように思われたであろうか。

総額七兆七七〇〇億ドルの貸付けは間違いのない事実に思われる。新聞やテレビで報じられた救済プログラムの貸付マネーとはまったく別のマネーが秘密裡に、ただ同然でFRBからアメリカの大手銀行に流れていたということである。私はこの七兆七七〇〇億ドルは、世界＝経済の怪物たちの指示にバーナンキFRBが無条件で従って大手銀行に提供したものであると理解している。

藤井厳喜は次のようにも書いている。

ちなみに、この特別融資額の恩恵を邦銀も受けている。ブルームバーグの報道から、邦銀の受けた融資額を示すと、次のようになる。

三菱東京ＵＦＪ銀行＝１億３５００万ドル
三井住友銀行＝１億５００万ドル
みずほ銀行＝４６００万ドル
三井住友信託銀行＝９００万ドル
農林中央金庫＝７００万ドル
静岡銀行＝５００万ドル
群馬銀行＝４００万ドル
千葉銀行＝２００万ドル
信金中央金庫＝１００万ドル

私は、日本の銀行がリーマン恐慌の芝居を演じるうえで、世界＝経済を支配せんとする怪物たちに、なんらかの八百長工作を依頼され、協力したと思っている。その意味での報酬金をＦＲＢから貰ったと思っている。形のうえでは年利〇・〇一％での貸付及び債務保証であり、それも秘密裡に実行されたということは、ただ同然でＦＲＢから貰ったマネーにちがいないのである。一年間で世界のマネーは約二〇兆ドル増えている。間違いなく七兆七七〇〇億ドルのマネーはその一部にちがいない。

この七兆七七〇〇億ドルの数字に近いことが「日本経済新聞」（二〇〇八年十一月二十七日付）で

報じられている。

金融危機に対応するため連発した救済策や安定化策により、米政府と米連邦準備制度理事会（FRB）が投融資や保証を通じて潜在的に抱えるリスクは最大で8兆ドル（約760兆円）を超す見通しとなった。

これはほんの一例で、七兆七〇〇〇億ドル以上の金がウォール街を中心に流れたにちがいないのである。「日本経済新聞」（二〇〇八年十二月十一日付）にも、ウォールストリート・ジャーナルの報道として「FRB、債券発行検討。実現性は不透明」という記事が出た。その記事の中に、「九月下旬に九千四百億ドルだった資産規模は二兆ドル超に達している」と書かれている。リーマン恐慌からわずか一カ月も経たないうちに、一兆ドル以上のドルが消えたことになる。ほとんどがウォール街に消えていったのである。

「朝日新聞」（二〇一〇年十二月三日付）の記事、「FRB、邦銀やトヨタも支援　金融危機時の融資先を公表」を紹介する。

米連邦準備制度理事会（FRB）は〔二〇一〇年十二月〕1日、金融危機時に緊急融資などで支援した銀行名や企業名を公表した。米ゴールドマン・サックスなど米国勢に加えて、日本の主要金融機関やトヨタ自動車の米現地法人なども、金融危機対策を活用していた。危機時の生々しい実態が明らかになった。

２００８年秋のリーマン・ブラザーズの破綻などで、金融機関同士が資金を融通する機能がまひした。ＦＲＢは銀行や証券大手などへの支援を繰り返した。銀行向けの資金供給制度は、日本の三つのメガバンクの米国法人が利用。証券会社向けの融資制度は、みずほ証券や大和証券の米国法人が利用した。ＦＲＢは企業が発行するコマーシャルペーパー（ＣＰ）の買い取り制度も導入し、トヨタ自動車の米金融会社などが利用していた。

日本の銀行、証券会社、そしてあのトヨタまでが、アメリカの子会社なのか。

瀕死のアメリカは復活できるのか

二〇〇六年二月六日、FRBの金融政策の最高意思決定機関であるFOMC（連邦公開市場委員会）の会議室で、ベンジャミン（通称ベン）・シャロム・バーナンキの宣誓就任式が執り行なわれた。グリーンスパンに次いで第十四代FRB議長にベン・バーナンキは就任した。バーナンキもグリーンスパンと同様、ユダヤ系である。このことは決して偶然ではない。FRBの中枢を支配するのがユダヤ人、とくにロスチャイルド、ウォーバーグ一族であることからみて当然の人事である。

バーナンキが議長に就任する前、日本銀行（日銀）の金融政策について口出しして言った、有名なセリフがある。

「ヘリコプター・マネーを出せば日本政府の必要額は増加する。しかし、同時に名目税収額も増加する。名目債務残高の実質価値も低下する。ヘリコプター・マネーをばら撒いても政府の財政基盤を悪化させない。それゆえ、将来の税金を極端に増加させる必要もない」

このことは『八百長恐慌！』に次いでの拙著『ロスチャイルドと共産中国が2012年、世界マネー覇権を共有する』（二〇〇九年）の中で書いた。

バーナンキは日銀に、「円を増刷し、ケチャップを大量購入しろ」と悪態もついている。彼は大恐慌の研究家として知られる。二〇〇八年九月のリーマン恐慌の後、バーナンキはもの凄い量のケチャップを購入し、ヘリコプターの上からアメリカ全土に撒いたのであった。

しかし、このケチャップは一般のアメリカ人の口に入ることはなかった。食用ではなかったのである。バーナンキは毒入りケチャップを撒いたのであった。

八百長経済学仮説――17

八百長経済学は、強欲資本主義の発生源を捜し出す。そこに発見された現実を見究め、この現実を直視し、あえて発見しえたことに喜びさえする。この世のミゼラブル（惨めさ、不幸）を知ったとき、その責任を負うのは発見者である。私たちは他者の中でも苦しみを知ったとき、その重い苦しみを背負って生きねばならない。

ニーアル・ファーガソンはハーバード大学の歴史学教授である。「ニューズウィーク日本版」（二〇一一年十一月十六日号）に、彼は「瀕死のアメリカは復活できるのか」を寄稿している。

私の考えでは、文明は勃興して隆盛を極めた後、徐々に衰退するのではない。歴史の流れは緩やかな放物線の連続ではなく、いきなり崖から落ちるように急激な下降線を描く。（中略）多くの文明の歴史から浮かび上がる共通の特徴は――原因が何であれ――崩壊の速さだ。ローマ帝国はゆっくりと衰亡の道を歩んだと言われてきたが、事実は違う。ゲルマン人の侵入と内部分裂によって、5世紀前半の数十年間で崩壊したのだ。

ファーガソンは、「つまり、危機はあっという間にやってくる。危ないと思ったときにはもう恐るべき『死の連鎖』に巻きこまれている」とも書いている。ファーガソンは、「アメリカが衰退ではなく、瞬時の崩壊の危機に陥っているとしたら、次の選挙まで余裕もないかもしれない」と書いて結びの文章としている。

私はゲルマン人の代わりに、世界＝経済の怪物たちによって内部分裂を起こされ、金融システムが暴走するとみる。毎年二〇兆ドルもマネーが増殖している。この金が行き場を求めて世界中に氾濫を起こす。そして、リーマン恐慌以上の規模の大恐慌が起きると予想している。すなわち「世界最終恐慌」の準備がひそかに、どこかで進行していると考える。恐怖でさえ指数化されてVIX《ビックス》指数となり、先物《さきもの》市場で二〇一一年に三〇〇〇億ドルの売買があったという。人々の心までもが彼らの商売の対象となったことに、大いなる恐怖感を抱くのである。

リーマン恐慌とは、サッカーでいえばまだ前半戦であった。二〇一二年、まさに後半戦の笛が鳴り、アメリカからヨーロッパへと恐慌がやってきた。

バーナンキはリーマン恐慌を処理するために、大量のドルを、自らヘリコプターに乗り込みアメリカの空から、否、アメリカという名の虚空《こくう》から撒いた。その金は巨大吸引機を持つ「TBTF」（トゥー・ビッグ・トゥ・フェイル＝大きすぎて潰せない）の銀行群に吸い取られた。二〇一二年の今も、TBTFの巨大吸引機はフル稼働している。TBTFは巨大複合金融機関（LCFI）と複雑、巧妙に結びついている。ロンドン・シティとウォール街の背後にうごめく怪物たちが、アメリカの崩壊を狙っている。日本もアメリカの崩壊シアターの中にいる。

アメリカは滅びゆく大帝国である

帝国が滅びるときは、外敵と内部の敵がいる。歴史を学ぶ人はそのことを認識するようになる。アメリカという帝国は隆盛の時を過ぎたと誰もが思っている。では、その理由は何か、と問われると答えるのが非常に難しい。グローバリズムがアメリカから労働者の働く場を奪ったことが内部崩壊をもたらしたという説が有力である。それは真相に迫っているのだろうか。私は金融危機が労働者を絡《から》め取った結果、アメリカは内部から崩壊しはじめたとみている。アメリカは過去と断続したのではないのか。勿論、日本も同じではあるが。

ゴールドマン・サックス、JPモルガン・チェース、バンク・オブ・アメリカ、シティグループ、ウェルズ・ファアーゴ、モルガン・スタンレー、この六大銀行が、リーマン恐慌後にTBTF（大きすぎて潰せない銀行）となった。この六行にアメリカ政府もFRBもドルを大量に投げ与えた。

ジョージ・ブッシュ前大統領もバラク・オバマ大統領も、TBTFに無制限と思えるほどに次から次へと巨額のドルを差し出したが、サブプライム恐慌で家や仕事を失った人々の援助をしてこなかった。それはなぜか？　答えはいたって簡単である。ブッシュもオバマも、アメリカを支配するウォール街のドルの力で大統領選挙に勝ったのであり、国民の力によるものではなかったからである。

さあ、ここでゲームをしてみよう。オバマ大統領と国民の代表がテーブルに着いた。オバマ大統領が言う。「コインの表が出たら、私の勝ちだ。君らに一ドルも渡さない。だが裏が出たら、君の敗けだ」

これがオバマ大統領と国民との約束であった。

「イエス・ウィ・キャン」とか「チェンジ」という標語は、ゴールドマン・サックスに向けてのリップサービスだったのである。ゴールドマン・サックスと、世界最大の投資会社フィデリティの二社が主となって選挙資金を集めて、まるで無名で、ゼニのない新人候補者を大統領に仕立て上げたのであった。ゴールドマン・サックスもフィデリティも、ロスチャイルドが育て上げた金融組織である。オバマ大統領には最初から、サブプライム恐慌で苦境に陥った人々を救う気などさらさらなかったのである。

ウェブスター・G・タープレイの『オバマ危険な正体』(二〇〇八年)から引用する。オバマが大統領に就任する前に出版された本である。オバマの正体が見事に描かれている。

二〇〇八年、またしても得体の知れない候補が現れた。これといった議会での実績もなく、勇気ある行動や一貫した理念が表れた経歴もないイリノイ州の上院議員、バラク・オバマだ。

もちろん彼は、民主党の長老たちに「仕込まれた」政治家だ。そして、またしてもユートピア的な約束の嵐だ。

アメリカは、権力の中枢にバラク・オバマを据えることに成功した。しかし、オバマを操っているのはロンドン・シティとウォール街である。彼らの強力な後援なくしては、オバマは無名の一上院議員に過ぎなかった。いや、上院議員になることさえできなかったはずの男だった。ここで、私たちはアメリカン・ドリームの何たるかを考え直してみたい。バラク・オバマの立身出世物語は本当にアメリカン・ドリームなのか、と。

私はオバマの顔を見るたびにうんざりする。この男が、アメリカン・ドリームをぶち壊したのだと。今、ゴールドマン・サックスが中心となり、オバマ再選の選挙資金をかき集めている。

八百長経済学仮説――18

二十一世紀の今、この世の終わりが近づきつつある。世界の激動は人々の心にも大きな影響を及ぼす。滅びんとする世界の向こうに、不滅の世界が見えてくる。有限の生があってこそ不滅の生がある。大帝国の興亡を冷徹な眼で見続けるべきである。その中に偶然性は少なく、必然性が多いことを八百長経済学は主張し続ける。

日本はアメリカの「顧客国家」であり続けている。すなわち、アメリカは「強制国家」ないし「擬制《ぎせい》国家」である。アメリカという国家をしっかりと見続けなければならない。それは、アメリカと一蓮托生にならないためである。

アメリカは軍事力を駆使し、世界の全方位支配を狙ってきた。だが、自らが作ったテロリストたちに今や復讐されている。アメリカが作った戦略的資本主義が、逆にアメリカを喰い尽くさんとしている。

騙《だま》されるな日本！　アメリカの狡猾さに、世界＝経済を支配せんとする怪物たちに、騙されるな日本！

バブルが崩壊するとき、世界は滅びるかもしれない

アメリカにとって、リーマン恐慌の後に何が最も大事なことだったのか。簡単に表現するならば、何にアメリカはマネーを使うべきだったのか。まず第一に、サブプライム・クライシスで家を失った人々の救済ではなかったか。失業者たちに仕事を与えることではなかったか。インフラへの投資ではなかったか。荒廃した人々に教育と新しい技術を与える機会を提供することではなかったか。

ピーク時の二〇〇六年には総計一三兆ドルだったアメリカの住宅資産価値は、二〇〇八年の半ば、リーマン恐慌の前でさえ、八兆八〇〇〇億ドルにまで下落していた。その時から今日まで、いまだに底を打っていない。年金資金や資産も二〇〇六年より数兆ドル損失し、二〇〇八年の末の時点においてさえ、八兆ドルを超える財産をアメリカ国民は失った。

それだけではない。二〇〇〇万人を超える失業者が出た。失業者は増加し続けている。ホームレスも二〇〇八年の末に一気に一〇〇万人増えて四〇〇万人となった。

一年間に二〇兆ドルを超えるマネーがリーマン恐慌後も増殖し続けている。その過剰マネーが住宅ローンだけでなく、商業用不動産ローン、クレジットカード、奨学金ローンまで直撃し

ている。

八百長経済学仮説——19

正義論を振りかざす学者がいる。科学的計測による分析を行なっているという学者がいる。しかし、彼らは部屋の外に出て、貧しい者たちがいかに大量に生産され続けているのかを知ろうとしない。学問を官僚主義化して、貧しい者たちを寄せつけようとしない。八百長経済学は彼らを非難し続ける。「経済学は貧者を救う以外にない」と叫び続ける。

人間は騙され続けている。「住宅と株式に投資すれば確実に儲かる」という神話を信じて、一九八〇年代に日本でバブルが発生した。そしてバブルは崩壊して、「失われた一〇年」の長いトンネルの中に日本は入った。

アメリカでも日本と同じようにバブルが発生した。人々は、特に永遠にマイホームを持てないとあきらめていた下層階級の人々は「あなたもマイホームを持てる」といわれ、その言葉を信じた。ポジティブ（肯定的、積極的）という思想をチャーチで牧師が説教した。宗教と金融が一体となってアメリカン・ドリームが演出された。「アメリカ経済は上昇気流に乗っている」、そうみんなが信じた。

これらの上昇の夢がどうして崩れ去っていくのか。市場は永遠に上昇し続けるものだという経済理論も、一気に崩壊し去るという経済理論も存在しなかったし、今も存在しない。主流派経済学者たちはこの謎に挑戦する勇気を持たない。

しかし、いつもブームの陰には、何者かが登場して火付け役を演じている。「株価は上昇する。できるだけ多く株式に投資しましょう」という具合である。

彼らの予想は本当に当たるのか。当たったとしても偶然ではないのか。

私は毎日、株式と為替相場の動きを見ている。しかし、ほとんど動きを正確に読み取ることができない。有名経済学者が予言者を名乗り、儲かる株を指南している。人々は儲かる株を信じて殺到する。このような動きの中で、それと矛盾する結果が出たとき、突然に株は崩壊する。

この小さな崩壊が日本の株式市場を、否、世界の株式市場を崩壊させかねないのではないか。一匹の黄金の蝶が海を渡り損ねたとき、小さな波が大洋を揺らし、嵐を呼び、世界は崩れていくことさえあるのだ。

ゴールドマン・サックスが咲かせたバブルの華

あのリーマン恐慌が発生したのは二〇〇八年九月十五日である。だが、ゴールドマン・サックスは二〇〇八年に入ると、あのほとんどクズに近い住宅ローン担保証券を「空売り《からう》」して、四〇億ドル以上の利益を上げた。他の金融機関が軒並み巨大な損失を計上するなかで、ゴールドマン・サックスのみが独り勝ちした。

また、ゴールドマン・サックスは二〇〇八年九月二十一日、モルガン・スタンレーとともに、投資銀行から銀行持ち株会社（銀行）になった。FRBから資金供給が受けやすくなった。このことにより、大手証券事業株式会社は姿を消した。

しかし、ゴールドマン・サックスは投資銀行時代の業務を続けている。直接に介入したりせず、ヘッジファンドを巧妙に使いこなしている。リーマン恐慌で倒産しかけていた中小の銀行を、FRBから資金を提供されて、合併・吸収を続けている。リーマン恐慌が、ユダヤ巨大銀行を誕生させたのである。二十世紀の初頭、アメリカの人々はロスチャイルドを「巨大な蛸《たこ》」と揶揄《やゆ》した。今やゴールドマン・サックスが「二十一世紀アメリカの巨大な蛸」となった。

八百長経済学仮説——20

資本主義は蛸のように動く。自己増殖機能を持つ資本主義は止まることができない。止まれば自らが増殖を止めざるをえない。すなわち、増殖し続けるか、死ぬかである。資本主義が成長するとき、人々は幸せを感じる。しかし、その成長が止まるとき、幸せは消える。私たちは限界思想をもって資本主義を見直さなければならない。

ここではゴールドマン・サックスがいかに悪どい商法をし、サブプライムローンなどで儲けたかを追跡してみたい。「毎日新聞」（二〇一〇年一月一日付）から引用する。

ゴールドマン・サックスなど一部の大手金融機関やヘッジファンドが、低所得者向け高金利（サブプライム）住宅ローンの焦げ付き問題に絡み、顧客の利益に反する取引を行っていた疑いがあるとして、米証券取引委員会（ＳＥＣ）などの調査を受けていることが分かった。米紙ニューヨーク・タイムズが30日までに報じた。

同紙によると、ゴールドマンはサブプライムローンの焦げ付きが増加すると予想しながら、年金基金などの顧客には関連証券を大量に販売し、巨額の利益を上げていた疑いが持たれ、米議会も調査に乗り出したという。

ゴールドマンの元従業員が同紙に語ったところによると、同社は05年ごろには米住宅価格上昇が行き詰まることを予期し、価格下落を見越した取引を本格化させたが、そうした取引は一部ヘッジファンド以外の顧客には明らかにされなかった。調査はオバマ政権の幹部にも及ぶ可能性が出てきた。

記事中に「同社は〇五年ごろには米住宅価格上昇が行き詰まることを予期し、価格下落を見越した取引を本格化させた」とあるのは、CDS（債務担保証券）のことである。

マイケル・ルイスの『世紀の空売り』（二〇一一年）を再度紹介したい。この本はゴールドマン・サックスからサブプライムの債券を、下落に賭けるCDSを買った男たちの物語である。ゴールドマン・サックスとともにドイツ銀行がこのCDSを売っている。ドイツ銀行もロスチャイルド系の銀行である。大手生命保険会社AIGにこのCDSを作らせ、販売し大儲けをし、両銀行は途中で逃げた。ここにも、あのリーマン恐慌が、ヨーロッパ発の八百長芝居——ネズミ講であったことがわかる。

リーマン恐慌から一年数カ月がすぎての八百長疑惑の追及となった。一年数カ月にわたる公的資金を受けて大手金融機関は危機をしのいだ。しかも、好決算が続き、幹部の高額報酬も復活した。しかし、それは実体経済の回復を意味するものではなかった。失業率は一〇%に達し、失業者は一五〇〇万人超に達していたのである。

ゴールドマン・サックスがいかに儲け続けたのか。ゴールドマン・サックスは二〇一〇年一月二十一日、二〇〇九年十月－十二月期決算を発表した。純利益四八〇〇万ドル（約四五四〇

ゴールドマン・サックス本社ビルはニューヨーク・ハドソン河畔に聳え立つ

億円）。前年同期（リーマン恐慌時）の〇八年九－十一月期は二一億二一〇〇万ドルの総損失であった。これは表向きの数字であろう。

ゴールドマン・サックスはＳＥＣ（米証券取引委員会）によって二〇一〇年四月十六日、証券詐欺罪で訴追された。訴追の主な点は、ゴールドマン・サックスが大手ヘッジファンドのポールソン＆カンパニーを使い、ＣＤＳで利益を上げていた、ということであった。

しかし、ゴールドマン・サックスは「商品には必ず買い手と売り手がいる」と、ポールソン社との八百長工作を否定した。あのリーマン恐慌後、一年半がすぎての訴追であった。しかも、ゴールドマン・サックスの子会社ポールソン＆カンパニーとの小さな不正しか追及しなかった。ポールソン社は投資商品の暴落を見越して空売りをかけた。一〇〇〇億円近い利益を得て、ゴールドマン・サックスは手数料を得た。

このリーマン訴追は株式相場にも冷水を浴びせた。四月十九日の日経平均も三週間ぶりに一万一〇〇〇円の大台を割り込んだ。

では、ゴールドマン・サックスの手法は違法であったのか、という問題が発生する。「これが違法だというなら市場取引の仲介などできなくなる」との意見もある。「金融商品の価値が下がればゴールドマン・サックス側に利益が生じる仕組みであった。このことを開示すればゴールドマン・サックスのすべての事業は成り立たなくなる」との説が有力となっていった。

八百長経済学仮説――21

資本主義は無限欲望のシンボルである。バブルは資本主義が咲かせた華である。バブルの華はいつ咲きほこるのか？ それは、ユーフォリア（陶酔）が最高潮に達した時である。それはいつ萎《しぼ》むのか？ それはペシミズム（悲観）が訪れた時である。

二〇一〇年五月一日、著名な投資家ウォーレン・バフェットは自身が率いる投資会社バークシャー・ハサウェイの株式総会で、「ゴールドマン・サックスには非難されるような事実は何もない」と擁護した。バークシャー社は二〇〇八年九月にゴールドマン・サックスの優先株五〇億ドルを購入している。バフェットはゴールドマン・サックスのまさにパペットである。

二〇一〇年七月十五日、ゴールドマン・サックスは「情報開示が不完全だった。我々の過ちを認める」とし、SECに五億五〇〇〇万ドル（約四四〇億円）の賠償金を支払った。

これは、ウォール街の敗北だったのか。私は「否」と主張する。これはまさに、ウォール街の勝利の瞬間であった。法令違反からウォール街の倫理感へと、問題の核心が巧妙に移された。この同じ日、上院で「金融規制改革法案」が可決された。しかし、二〇一二年の今もこの法律は施行されていない。

はっきりと書いて次章に移ろう。

アメリカという国家は二つに分裂している。ウォール街を支配する富める者たちが住むリッチなアメリカと、貧しい人々が住む、プアーなアメリカとが複雑に混合しあった分裂国家である。次章では貧しい人々の群れを追求する。「どうして貧しい人々が増えたのか」――この問題に解決策を少しも与えない主流派経済学の正体を暴かねばならない。

また、ゴールドマン・サックスはヨーロッパのバブルも見事に演出した。後章で書くことにする。

第五章■富めるアメリカと貧しいアメリカへの分裂

「オンリー・イエスタデイ」の時代が再びやってきた

イギリスの小説家で後に首相になったベンジャミン・ディズレーリは、一八四五年に次のように記した。

世の中には二つの国民がいる。互いに交流も共感もなく、相手の習慣や思考、感情も知らない。まるで違う惑星の住人同士のように、生い立ちも食べ物も習慣も、適用される法律さえ違う。その二つの国民とは……富裕層と貧困層だ。

二〇〇八年六月、リーマン恐慌が起きる三カ月前、東京・秋葉原で殺傷事件が起きた。派遣社員の加藤智大（当時二十五歳）が、トラックではねたり、ナイフで刺したりして十七人を死傷させた。私は当時、貧窮ゆえの犯行であると思った。二〇〇八年十二月三十一日、社会学者見田宗介（元東大教授、当時共立女子大教授）が朝日新聞紙上で彼の犯行を論じた。

K（加藤）の場合は、反対のいわば「まなざし」の不在の地獄です。ネットにも書いていますが、これまで自分はだれからも必要とされなかったと思いこむ。犯行予告をしても、だれからも相手にされない。「まなざし」の不在に耐えきれず、結局、Kにとって一番注目されると思う秋葉原で、犯行を通じて、僕はここに居るんだ、と叫ぶしかなかった。

見田宗介は現代を何の時代かと尋ねられ、「バーチャル（仮想現実）の時代だ」と答えたという。

一八四五年のイギリスは、貧困層の国民が大半を占めていた。しかし、貧困者たちは家庭を持ち、仕事を持ち、地域社会にとけ込んでいた。そこにはキリスト教という宗教もあった。しかし、アメリカもイギリスも、そして日本も、今は、貧しい人々は孤立無援の中で生きているのではないだろうか。貧乏ゆえに、社会構造の中に昔からあった「絆」も失われたのではないのか。見田宗介は「大きく言うと『空気』が『濃い時代』と『薄い時代』があると思います」と書いている。空気が薄くなった時代に生きつつ、私たちはそれを意識せず、リアリティに飢えている。

私はアメリカの惨状をこれから書く。しかし、それは日本の惨状でもある。

アメリカ労働省が二〇〇九年四月三日、三月の雇用統計を発表した。就業者数は前月比六六万三〇〇〇人減った。十五カ月連続の減少で、この間の雇用減は累計で五〇〇万人を突破した。失業者数は一三一六万人となった。この数字は毎年毎月増え続け、失業者数は二〇〇〇万人を超えている。二〇一二年の今も増え続けている。
作家L・アレンは大恐慌が襲った一九三一年に、第一次大戦後から世界大恐慌までの米国の世相をつぶさに記録した『オンリー・イエスタデイ』を世に問うた。

失業はうなりをあげて増えていた。ついに一九三〇年末には、失業者の数は六〇〇万人ほどという数字が挙げられるにいたった。リンゴを売る人が街角に立つようになった。重役や事務員や工員はいつ放り出されるかと眠れずに考え、不安げに失業救済基金に献金した。

一九三〇年末のアメリカとまるで同じ状況のアメリカが、二〇〇八年のリーマン恐慌後に戻ってきた。「朝日新聞」(二〇〇九年三月十日付)の記事、「ブロンクス　寒空の下、幼子抱え失業」から引用する。

金融危機の発生以降、ホームレスのなかでも、特に家族連れが激増。昨年11月末には9720家族がシェルターに駆け込んだ。これは市の記録が残る84年以降で最多だ。
ランダさんはブロンクス出身で、生後3カ月から5歳まで4人の子がいる。昨夏に警備の仕事を失い、家賃が払えずに12月に追い出された。
「大きくなったらお医者さんになって、私に家を買ってくれるって言うのよ」。チキンを夢中に食べる子の頭をなでて、悲しそうに笑った。
3月初め、ニューヨークは寒の戻りで、零下5度を下回る日が続いた。ビルの谷間を吹く風は、今も冷たい。

八百長経済学仮説――22

資本主義は新自由主義へと発展した。新しい自由が富の遍在を招いた。しかし、主流経済学者たち、とその亜流はトリクルダウン理論に走った。富裕層がより豊かになれば、大衆にも〝おこぼれ〟が恵まれると彼らは主張した。政府に金が無くなれば、もっと紙幣を刷れ（ケインズに帰れ！）と叫んだ。見よ、この惨状を！

現代経済学、特に国家が認めるような経済学は役に立たない。「アメリカは金融緩和政策（ジャブジャブと金融セクターに金を流した）が効を奏し、恐慌の再来から人々を救った」と、ケインジアンたちは言う。「その証拠に株価が上昇したではないか」と言う。しかし、私は、日本の経済学者たち（特にケインジアンたち）に苦言を呈したい。失業者が二〇〇〇万人近くまで増えた現状をどのように解釈するのかと。失業者をいかに減らすか、インフラ整備をいかにすべきかが、経済学の一番の課題ではないのか。

私はここまで書いて、やっと経済学者どもの力量が分かった。彼らはただただ、「もっともっと……」と叫ぶだけの人間どもであったことを。

私たち日本人もリーマン恐慌から多くのことを学ばなければならない。決して「金融立国」への道を進んではならない。ユーフォリア（陶酔）の時間は短くて、ペシミズム（悲観）の時間が長いことを知るべきである。

「オークンの法則」を悪用した株価と為替の操作がなされている

二〇一二年二月で、アメリカの累積財政赤字は一五・二兆ドルに達している。二〇一一年の国内総生産（ＧＤＰ）の一四・五％を超えた。この数字はアメリカ財務省と商務省の公式発表による。しかし、現実ははるかに財政赤字が多いことはよく知られた事実である。

リーマン恐慌後にＴＢＴＦ（大きすぎて潰せない銀行）に多額のドルが流れたからであると私は書いた。

しかし、ドルの製造元ＦＲＢは、法律により、「物価の安定と完全雇用の実現」という責務を負っている。失業者が続出して消費が低迷したので、物価は安定した。かたや失業者は増え続けた。その理由をバーナンキ議長とオバマ大統領はインフレリスクゆえと説明してきた。この二人は私が前にも書いてきたが、富める者のアメリカのために働くエージェントである。ＦＲＢ議長とアメリカ大統領は間違いなく、世界＝経済の怪物たちの使用人としての役割を務めている。

ＴＢＴＦの中でも、ゴールドマン・サックス、ＪＰモルガン・チェース、モルガン・スタンレーの三銀行は「富者のための銀行」である。ＦＲＢは、この三銀行にあふれるほどのドルをほぼ無利子で提供し続けている。「QEI」や「QEII」という名でドルは大量に垂れ流され続けているが、アメリカ国民のもとには少しも届いていない。リーマン恐慌後一年たらずで株価は回復したが、その間、失業者は増え続けた。私は世界＝経済を支配せんとする怪物たちの姿を見つめ続けてきた。グローバリズムはこの怪物たちによって創られたのである。

金融資本主義はグローバル化を世界中に拡大させた。金融の力が途上国の物資経済をつくった。先進国はフラットな世界へと落ちていった。途上国の貧者の所得が上がるにつれ、先進国の貧者はますます貧しくなった。この兆候はアメリカと日本にははっきりと見える。「週刊文春」（二〇一一年十月二十日号）に、神谷秀樹（ロバーツ・ミタニ創業者）は次のように書いている。

アメリカの平均家計所得は二〇〇〇年に五万二千ドルあったものが、二〇一〇年には四万九千ドルに低下した。一方、四人家族で百七十万円以下の年収の家計が占める割合を示す「貧困率」は、昨年一五・一％（四千六百万人）と、率では九三年以降、人数では統計上最悪となった。アメリカの失業率は公の数字は九・一％ながら、実質は一七％程度。中でも一年以上の失業者が四百五十万人に急増した。かつて百万人を超えることはほとんどなかったのに、ここ二年の長期失業者の増加は異常である。このように、アメリカの中産階級は崩壊しつつある。

これに対してゴールドマン・サックス社員の平均給与は三十万ドル（約二千三百万円）、モルガン・スタンレーでも二十万ドル（約千五百万円）を超える。

八百長経済学仮説——23

私たちはリアリティを失って、バーチャルな世界に生きるように飼いならされている。世界＝経済の主役であるべき大衆は世界＝経済から排除されている。今の経済学は何の役にも立たない。資本主義を疑え！　民主主義を疑え！　新自由主義を疑え！　グローバリズムを疑え！　あなたはあなた自身の神話を作れ！

「オークンの法則」というものがある。発見した学者の名をつけた理論である。この理論によると、経済成長と失業率とは相関関係があると説く。実質経済成長率が高くなれば失業率は低下し、逆に低くなれば上昇する。私はこの「オークンの法則」をFRBとオバマとウォール街の連中が悪用していると思っている。

今、アメリカでは失業率は下降している。それは見かけの失業率の低下である。神谷秀樹が書いているように、実際は一七％、私は二〇％以上であるとみている。公式の失業率は失業保険の関係から計算されている。職探しを諦めてしまった人々はこの失業者に含まれていない。真の労働市場を把握するものではない。では、なぜこの失業率がかくも毎月毎月、大々的に発表されるのか。

ウォール街がこの失業率を、株価と為替相場に影響を与えるように操作しているからである。アメリカ労働省は二〇一二年一月の雇用統計で、失業率が八・三％と約三年ぶりの水準に改善したと発表した。市場では「景気回復が加速してきた」として、株価は上昇、為替はドル高となった。

しかし、これは八百長である。

失業者は増えている。求人がなくて職につけない人は労働市場から遠ざかっている。この偽りの失業率はＦＲＢとオバマを喜ばせる。また、ウォール街に大きな富をもたらす。

それでは、ドルを為替市場で「ドル安・円高」とするにはどうすればいいのか。それは「もう一つのオークンの法則」（こんなものはないのだが）を彼らは利用している。

それは就業者数というカラクリである。アメリカ労働省は二〇一二年四月六日、雇用統計を発表した。失業率は〇・一ポイント改善され、八・二％となった。しかし、就業者数は前月比一二万人増と伸び悩んだ。就業者数は市場予測の二〇万三〇〇〇人増を大きく下回り、雇用創出のペースが鈍化していることを示した。

なんという八百長か！　市場予測とは、ウォール街の連中へのサービスにすぎないのか。数千万の人々が職がなく路頭に迷っているというのに、「予想に反して前月比一二万」しか就業者数が増えないからドル安が進んだというのである。

このために、ニューヨーク外国為替市場では雇用統計の発表を受け、円買いドル売りが進み、一時一ドル＝八一円三一銭をつけ、約一カ月ぶりの円高水準となった。株式市場も大きく変動を繰り返した。

私たちは知らねばならない。ウォール街は何かしらの理由をつけて株式市場と為替相場に変化をもたらそうとしていることを。アメリカの株価が上昇を続け、日本の株価が下降を続けていることも、円高が進行中であることも、ほとんどウォール街の八百長工作による。後章で詳述する。

アメリカン・ドリームの死、否、アメリカの死

私はアメリカン・ドリームの終焉について書いてきた。リーマン恐慌後の二〇〇九年以降のアメリカをもう一度見てみよう。アメリカン・ドリームが死んだ年である。もう一つ、理由がある。ジャパニーズ・ドリームの死が、近未来にやってきそうだからである。

ＯＥＣＤ（経済協力開発機構。先進国グループ）は相対的貧困率を発表している。貧困の度合いを示す指標として、平均所得の二分の一以下の人の割合を示している。その二〇〇九年版をみると、〇三年における相対的貧困率の最も高い三カ国は、メキシコ＝一八・四％、トルコ＝一七・五％、アメリカ＝一七・一％、四番目は、日本＝一四・九％となっている。日本の貧困率がアメリカに次いで高いということは、アメリカとともに、貧しい人々が多いことを示している。

もう一つ、アメリカン・ドリームの死を追う理由がある。世界＝経済を支配せんとする怪物たちが、アメリカの死を狙っていると思うからに他ならない。アメリカの死が彼らにとって大きな目標になっている。それはなぜか？　彼らは世界統一国家を狙っているからだ。リーマン恐慌を演出したのも彼らであった。ゴールドマン・サックスが八百長工作を続けたことはすで

に書いた。ゴールドマン・サックスは世界＝経済を支配せんとする怪物たちの意向によって動いたのである。ゴールドマン・サックスだけでリーマン恐慌を演出することはできなかった。HSBC、UBS、ドイツ銀行がゴールドマン・サックスとともに恐慌の準備に入り、見事にやりとげた。目的は勿論、大金を奪うこと。そして、巧妙に隠された目的があった。アメリカン・ドリームの死、そしてアメリカの死であった。

八百長経済学仮説――24

変容し続ける世界を解析し分析し、何ゆえに変容し続けているのかを知らなければならない。欲望と恐怖を捨てて、人間が本来もつ意志の自由を駆使し、世界＝経済を見よ。恐慌の嵐がなぜ吹き荒れるのかを知れ。今、君の精神的価値が問われているのだ。

一九九〇年から約一〇年間にわたり、日本のバブルがはじけ、「失われた一〇年」といわれた。アメリカも二〇〇八年にバブルがはじけ、日本同様に「失われた一〇年」の時代を迎えた。「週刊エコノミスト」（二〇〇九年九月二十九日号）に肥田美佐子が「米国でも『失われた10年』雇用不安に苦しむ若者」を書いている。

先日、全米最大の労組、ＡＦＬ・ＣＩＯ（米労働総同盟産別会議）が18～35歳の労働者１１５６人を対象に7月に行った調査の結果が発表された。それによると、今後5年間で自分の経済・財政的目標を達成できる自信があると答えた人は55％、不安のある人は41％、同様の調査を行った99年には、自信があるが77％に達し、ない人は20％だった。報告書の題名はズバリ「若年勤労者――失われた10年」である。


日本より一〇年遅れてアメリカに「失われた一〇年」がやってきた。アメリカ国勢調査局は二〇一〇年九月十六日、二〇〇九年の生活困窮者が史上最悪の四三六〇万人にのぼったと発表した。統計によると、生活困窮者は三年連続の増加で、〇八年より三八〇万人増えた。

「フードスタンプ」というものがある。連邦政府（農務省）が支給しているクーポン券で、四人家族で月収二五〇〇ドル（約二〇万円）以下の世帯に支給される。一人あたり毎月一〇〇ドル（約八〇〇〇円）程度である。二〇一〇年には受給者が四〇〇〇万人を突破した。毎月二万人の受給者が増え続けている。

景気拡大期に創出された雇用がほとんど失われてしまった。アメリカ経済の成長の原動力は個人消費であった。アメリカは「雇用なき成長」の時代に入った。この「雇用なき成長」は今も続いている。この「雇用なき成長」を支えているのは、ウォール街を中心とする金融資本主義とグローバル化を進めた一部の大企業である。

私は日本もアメリカと同じようになりつつあると思っている。企業は雇用を削減し利益をあげて株価を上昇させている。アメリカと日本の雇用体系が似てきている。それは、正規雇用者の減少である。再雇用を前提としない恒久的失業者の増加である。たとえ景気が回復しても雇用は増えないということである。

アメリカも日本も、大きな構造的な欠陥をかかえて資本主義体制を推し進めてきた。失業率が高くなると、若者たちの就職がより困難になる。アメリカン・ドリームが消えていく。アメリカン・ドリームとは何だったのか。先に紹介した神谷秀樹の文章の続きを引用する。

大手金融機関は救済されたが、住宅問題はいまだまったく解決していない。これまで庶民の「アメリカン・ドリーム」は自家保有と同義語であったが、今後の「アメリカン・ドリーム」は夢も萎《しぼ》み、「職を得ること」に換わった。こうした状況に置かれた人々が、ウォール街の大金融機関に怒りを向けるのは当然のことだ。

だが、こうしたデモが東京でも起きる可能性は十分にある。中産階級の崩壊は日本でも起こりつつあるからだ。旧来の製造業が価格競争により新興国に負けつつある現在、イノベーションを推進し、新しい事業を興さなければ、日本の中産階級が復活することはない。

アメリカン・ドリームの死はジャパニーズ・ドリームの死を連想させる。アメリカでは誰でも社会の最上位の地位に就く可能性があると信じることが、アメリカの楽観主義そのものであり、また政治制度でもあった。

「人生の道の半ばで、私は危険な森の中で道に迷った」と、ダンテは『神曲』で書いている。ウォール街が創り出した「危険な森」の中でアメリカ人も日本人も迷っている。だから、今こそ、この森の中から脱出する方法を見いださなければならない。そうしなければ、私たちは迷いながら老いていってしまう。

「ウォール街を占拠せよ」と叫ぶ若者たち

八百長経済学仮説――25

君は泣きじゃくる幼な子を抱きしめて、笑わす優しい心の持ち主なのか。いじめられた人を救う勇気を持っているか。ならば窓を開け、ドアを開け外に飛び出し、世界の不正に「NO！」と拳を天に突き上げろ。その時、天は君に手を差しのべるだろう。八百長経済学はそんな君の永遠の味方だ。


一つの言葉を、ニューヨークにも行ったことのないカレ・ラースン（当時六十九歳）という男が、カナダ・バンクーバーの無名な小雑誌「アドバスターズ」の自社サイトに載せた。

「オキュパイ・ウォール・ストリート」

「ウォール街を占拠せよ。九月十七日決行、テント持参のこと」

ラースンは「今どきどこの国でも、議会周辺をシュプレヒコールをあげて練り歩くだけではもう効果はありません。そういう古い左翼的な運動に私は長く失望してきた。もっと人々の胸に訴えかける社会運動のやり方はないかと考え続けてきた」と語っている。また彼は、「ウォール街を選んだのは、多くの人々を苦しめている経済格差の象徴だからです」とも語っている。

ニューヨークの中心部ウォール街にあるズコッティ公園。二〇一一年九月十七日から若者たちがこの公園に集まりだした。ニューヨーク市警が若者たちを強制排除するまで「ウォール街を占拠せよ」（OWS）運動は続いた。

ここでは『私たちは〝99%〟だ』（「オキュパイ！ガゼット」編集部、二〇一二年）や経済誌、新聞から私が無作為に選んで、アメリカの若者たちの声、経済学者の意見等を記すことにする。

●二〇〇五年の時点で、トップ二〇%が手にしていた分け前は、残り八〇%の分け前を超えた。——とはいえ、内訳を見れば分かるが、この変化の大半はトップ中のトップの層によるものだ。一九七九年、トップ一%の分け前は、底辺二〇%の分け前に匹敵した。二〇〇七年、トップ一%は下位四〇%分に相当する額を手中に収めた。まさしく九九対一、なのだ。

（『私たちは〝99%〟だ』）

●世界が待ち望む変化が必ずやって来ると信じている。誰も我々を止められない。

トーマス・ファラス（農業経営・二十七歳）

●政府がイラク駐留を続けるのは石油のためだ。なぜ人を殺し続け米国の金を浪費しないといけないのか。

ブライアン・フィリップ（イラク帰還兵）

●二十五歳、大卒・無職、健康保険なし、そして私の一票は企業のためのロビー活動のカネに消されていく。

（プラカードの文面）

●どれだけ長い間、金持ちが貧困層を搾取《さくしゅ》してきたことか。いまの社会はおかしい。気づいていない人たちの目を覚ましたい。

ロバート・サムエルズ（二十三歳）

●変化はここから始まる。

マイケル・ムーア（映画監督）

●参加者の気持がわかる。

ジョージ・ソロス

●多くを求めるつもりはない。朝、目が覚めるたびに「家賃が払えるか」とか「明日の食事はどうするか」とか、そんな心配をしたくないだけなのよ。

エリン・ラーキンス（コロンビア大学院生）

●米国人の一％が国全体の所得の二五％を受け取り、富の四〇％を保有している。一％の一％による一％のための政治だ。
ジョセフ・スティグリッツ（ノーベル賞経済学者）

●未来に希望のない若者たちの怒りが噴出した。エジプトなどの中東民主化の運動が影響した可能性がある。
高祖岩三郎（米在住三〇年・ライター・五十六歳）

●私たちは、みんな負け犬です。本当の負け犬は、すぐそこのウォール街にいます。私たちのお金を数十億ドルも使って救済されました。
スラヴォイ・ジジェク（哲学者）

●「ウォール街を占拠せよ」（ＯＷＳ）は、「ウォールストリート（米金融街）にとっていいこととは、メインストリート（実体経済・米産業界）にとっていいことだ」という幻想を否定する。ウォール街と実体経済とは分断されており、その分断は、根本的な悪や不平等、搾取という名の不正であることを告発する。
ジョディ・ディーン（政治学者）

●最初の日（九月十七日）は現場を見て、本当にがっかりした。従来の運動と同じで、しっかりとした中身があるとは思えなかった。当局はこの日のイベントに備えて周辺地域の封鎖に踏み切り、デモ参加者たちは警官に数で圧倒され、追い散らされた。それでも、私は即席のデモ行進に加わり、みんなが現在も占拠している公園に入ってみた。

アストラ・テイラー

●何度かの投票と議論を経て、僕たちのグループの大半に共通する願いがはっきりしてきた。政府の管理権を市民の手に取り戻すこと、公共の利益のために金融業界を規制すること、そし

「ウォール街を占拠せよ」には多くの若者たちが参加した

て金融機関による議員の買収や立法プロセスへの影響力行使に歯止めをかけることだ。僕たちは、借金や住宅ローンに苦しむ人々の救済について話し合った。
マーク・グライブ

●米国はブッシュ（前大統領）を再選させ、バブル崩壊後の銀行を救済し、わずかな増税をめぐって議会が膠着状態に陥る国だ。米国人の一部を悩ます失業問題や民主主義制度からの疎外は、しかと存在する現実的な問題であり、僕たちが集まって声を上げるだけの具体的な理由はある。それでも、この国が抱える悩みや苦しみの正確な原因は、まだまだ見えてこない。おそらく具体的な解決策は、もっと遠くにあるのだろう。
イーライ・シュミット

最後の文章（イーライ・シュミット）の「この国が抱える悩みや苦しみの正確な原因は、まだまだ見えてこない。おそらく具体的な解決策は、もっと遠くにあるだろう」に注目してほしい。正確な原因が見つからず、解決策が遠くにあろうとも、この「ウォール街を占拠せよ」の運動ないし行動こそは、アメリカン・ドリームが決して消えていなかったことの証しなのである。

彼ら青年たちはオバマが大統領選に出馬したとき、アメリカン・ドリームをオバマにかさねた。そして裏切られた。今、オバマ大統領の資産総額は一一八〇万ドル（二〇一一年）、上位一％入りに必要な九〇〇万ドルをはるかに超えている。ニューヨーク市警が彼らデモ隊を排除した直後にオバマ大統領は若者たちの前で演説した。「君たちの話を聞くから、君たちも私の話を聞きなさい」と言った。若者たちは騒然とし、会場は静まったが、「ウォール街を占拠せよ」についてはは触れなかった。ただ、「アメリカン・ドリームが失われつつある」とのみ語った。オバマが大統領になぜなれたのか。ゴールドマン・サックスが金集めをし、オバマを担いだからであった。

「週刊エコノミスト」（二〇一二年五月八日号）に「米国の反格差占拠運動は経済政策や社会規範に影響した」の記事が出た。

ノーベル経済学賞を受賞したコロンビア大学のジョセフ・スティグリッツ教授が編集委員を務める経済評論誌『エコノミストの声』は、3月号で占拠運動の影響を分析する特集を組んだ。同特集の中で、メリーランド大学経済学部のイーサン・カプラン准教授は、「占拠運動が（米国における）所得の再配分に影響し得る2つの分野がある。1つは公共政策を動かすこと、もう1つは民間の給与体系の規範に変化を起こすことだ」と指摘した。

たしかに占拠運動後の二〇一一年末、ウォール街の経営陣・幹部のボーナスが、ここ数年間で初めて大きく下落した。オバマ大統領はウォール街の連中から二〇一二年に入ると大量の献金を受けはじめた。そして、「中流階級存亡の危機」を大統領選の中心テーマにすえた。ウォール街の連中も迷い始めている。

もし、真の新民主主義革命はどこの国で始まるかと質問されたら、私は、「ウォール街を占拠せよ」の若者たちを持つ国、アメリカから始まる、と答える。すべての革命は危機の中から始まったのである。その革命とは何か。世界＝経済を支配せんとする怪物との闘いから始まるのである。怒れる若者たちこそがこの世界の富なのだ。

では、日本はどうか。一九五〇年代から六〇年代で、日本の若者たちは、天皇を頂点とする国家権力により去勢され、現在もそのままだ。世界で一番最後になって革命に参加しようとするかもしれない。しかし、時すでに遅しである。リアルティを喪失し、バーチャル空間に遊びほうけている若者たちを見るにつけ、そのように思うのである。

この「ウォール街を占拠せよ」の運動を、日本の政治学者や経済学者はほぼ無視し続けている。彼らは権力に去勢された悲しい男たちにちがいない。

オバマ大統領の正体を知れば世界＝経済の真実が見えてくる

二〇〇八年十二月、次期大統領に決定したバラク・オバマは「経済再生計画」を発表した。一九五〇年以来、約半世紀ぶりの規模となる大型公共事業を展開するのがオバマの目的であった。

(一) 二年間で二五〇万人の雇用創出。
(二) 道路・橋の建設・修繕など全米で、一九五〇年以来の最大規模の公共事業を行なう。
(三) 老朽化した暖房設備などを最新型に入れ替えるなど、公共の建物のエネルギー効率の改善。
(四) 校舎の修繕・環境対応・教室へのパソコン配備など学校の近代化。その他。

しかし、これらの「経済再生計画」は実現しなかった。理由はただ一つ、「財政赤字が膨らむ」とのウォール街を中心とした反対の声がこの計画をご破算にしたのであった。

十二月六日、次期大統領オバマは「二十一世紀の経済社会で競争する子供たちを助ける必要がある」と演説した。しかし、学校の近代化も見捨てられた。

ブッシュ大統領は、ＴＢＴＦ（大きすぎて潰せない銀行）を救うための金融政策を続けていた。ＦＲＢとアメリカ財務省は次から次へと数千億ドル単位で援助金を与えた。十二月に入ると、ニューヨーク株価は連日上昇を続けた。倒産寸前であった金融大手シティグループへの惜しみなきドル注入が、株価の大幅な上昇をもたらしたのであった。

新大統領となったオバマは二〇〇九年一月十九日、「今こそ実行の時だ」と迅速で大胆な行動を訴えた。また、二十四日の議会演説では「銀行ではなく国民を救う」との意気込みも見せた。では、本当にオバマ大統領は国民を救うべく動いたのか。答えは「ＮＯ！」であった。彼は三五〇万人超の雇用確保を掲げたが、就任半年後、雇用は二〇〇万人失われ、失業率は一〇％に迫った。財政支出のほとんどは大手金融機関の救済に流れ、景気対策に拠出されたのはわずか〇・八％にすぎなかった。一気にオバマ大統領への不満が爆発した。

私はバラク・オバマが大統領になったのは、ウォール街が全面的に彼に協力したからであると幾度も書いた。彼らウォール街の連中が、八兆から九兆ドルのアメリカ国民の財産を奪った上に、巨大な財政支出をアメリカ政府とＦＲＢに要請して勝利を収めた。これは何を意味するのか。オバマを大統領にして、アメリカという国家を衰退させようとしたのである。「生ける屍《しかばね》」のウォール街を救い、国民が一斉に「ＮＯ！」とオバマ大統領に声を上げだしたとき、世界＝経済を支配せんとする怪物たちが、ウォール街とネオコンの意向を受けて、突然にノーベル平和賞をオバマ大統領に授与すると発表した。

二〇〇九年十月九日、ノルウェー・ノーベル賞委員会のヤーグラン委員長は授賞の理由として、「オバマ氏のように未来への希望を世界の人々に与えた人物は極めてまれだ。彼の外交は、世界の多くの人々が共有する価値観と姿勢に基づいて世界をリードしなければならないという考えに立脚している」と述べた。大統領になって一年も経たない時点での突然のノーベル平和賞受賞は過去に類を見ないものであった。

ノーベル平和賞とノーベル経済学賞は、特に世界=経済を支配せんとする怪物たちのお気に入りの人物（後に裏切られ、棄てられることはあれ）に与えられる。その選考委員たちは権力の影なる人物たちである。なぜ、オバマは平和賞を受賞することになったのか。主な理由は二つある。

一つは、オバマ大統領の支持率低下である。二月には六八％だったが、九月には五四％まで低下したこと。もう一つは、アフガン戦争を続行させるためである。二〇〇九年一月の大統領就任演説で「先人がミサイルや戦車を使うのみならず、信念と確固たる同盟をもってファシズムや共産主義と立ち向かったことを思い出そう」と述べている。オバマ大統領はブッシュ大統領以上の戦争賛美者なのだ。

二〇〇九年十一月十日、ノーベル平和賞受賞を記念しての演説で、オバマ大統領は戦争を賛美した。

「戦争がなぜ不人気なのかは分かっている。だが私は同時に、平和が望ましいという信念だけで平和が達成できることはめったにないことを知っている。武力が必要なところでは、我々は一定の行動規範を守ることに戦略的な利益を見いだす」

オバマ大統領はそれまでのアメリカの戦争を正当化し、これからもアフガン戦争を継続すると高らかに宣言した。

あなたはオバマ大統領の正体を見たか。世界＝経済を支配せんとする怪物たちは、ウォール街、ＦＲＢ、ネオコン、軍産複合体を総動員し、アメリカン・ドリームを奪うべく動き、大成功している。そして、アメリカ根こそぎの破壊までもう一歩のところまで来ている。これがアメリカの経済状況なのだ。株価とか為替とか、二次的な要素で、アメリカ経済、否、世界経済を見てはいけないのである。そのように見るように、経済学者のほとんどが動かされている。

オバマが大統領に就任すると、アメリカ経済政策研究所は「道路や下水道、学校建設などのインフラ整備により重点を置いて政策が実行されるなら、最大五〇〇万人の雇用を創り出すことが可能だ」と主張した。もし、一兆ドルの公共事業の投資をしていれば、間違いなく五〇〇万以上の雇用が生まれ、アメリカン・ドリームが死ぬことはなかったのである。

オバマ大統領は雇用政策を捨てた。金融勢力に惜しみなくドルを注いだために、株価は上昇した。株価を上昇させるために、ウォール街と大企業の雇われＣＥＯ（最高経営責任者）たちは、従業員を大量に解雇した。株主優先がアメリカ資本主義の基本となっている。

八百長経済学仮説——26

権力はいつもその姿を隠している。権力の真実を知ろうと思えば、その権力の影を探さなければならない。権力の影は権力のために情報操作を行なっている。表面的にみえる情報でも内面的なものを必ず持っている。その内面的なるものを知るためには、あなた自身が内面的なるものを求めて、時には、暗い通路に入り、自ら作った案内標識をもって進まなければならない。その時、あなたに矢が飛んでくる。その矢を手でつかみ、地上に持ち出せ！　その矢を世界の人々に見せろ！　あなたは英雄への道を一歩進むことになる。

日本もまた、アメリカの資本主義をそのまま採用している。全国でニートの連中が増えている。結婚できない若者が増えている。日本の人口が減少を続けるのは当然である。実体経済が金融経済に喰いちぎられているからである。だから巷間でも、リアリティを持つ人間が極端に少なくなり、バーチャル空間に生きる人間が増えたのである。

日本の若者たちも、「ウォール街を占拠せよ」（ＯＷＳ）に参加した若者たちのように真実に目覚めなければいけない。

なぜなら、アメリカン・ドリームよりも、ジャパニーズ・ドリームのほうが先に死にかけているのだから。

第六章■世界経済はどのように操られているのか

株価の変化、為替における円高と円安は八百長そのものである

二〇〇九年の日本について検討してみることにしよう。小林慶一郎（経済産業研究所上席研究員）が「朝日新聞」（二〇〇九年一月三十一日付）に「金融危機が与えた宿題、経済学は現実に無力か」を寄稿している。

ケインズ経済学は、市場を支える「公共性」をすべて政府に帰する。一方、現在の標準的な経済学は、市場を支える何かが必要だという問題を、ほとんど意識しない。「貨幣」の「公共性」を重視する立場は、まさにこれらの中間に立つことになるはずである。

「貨幣」を問題から除外して、現代経済学は成り立っている。だから、世界中にマネーが溢れて金融経済が動いているのに、今の経済学では分析することすらできない。デリバティブ（金融派生商品）が六〇〇兆ドル（約四・八京円）から一〇〇〇兆ドルも暴れ回っているのに、金の流れを無視して経済学者たちはただ、「ケインズに帰れ」と叫ぶだけである。さらに小林慶一郎は次のようにも書いている。

さらに経済学は「人間は合理的だ」という仮説にあまりにも依存している。現実には、米国の住宅バブルでは、どう考えても不合理な価格で住宅が売り買いされていた。こうした不合理なバブルも、いまの理論では説明できない。

小林の言い分は私が幾度も書いてきたことと同じである。私は「人間は不合理的だ」との仮説を立ててこの本を執筆している。彼らの経済学についてこれ以上書くのは無駄というものであろうから、ばっさりと切り捨てて前に進むことにする。

一般経済学では説明できないことが起きたのは、二〇〇八年九月のリーマン大恐慌であった。その翌年一月にバラク・オバマが大統領になった。

二〇〇九年に入り、危機からの回復がどうにか軌道に乗り始めたとき、世界経済の様相は大恐慌以前とはまったく変わっていた。特にアメリカは大変化のただ中にあった。アメリカの巨大銀行を救済すべく、二〇〇八年十一月から二〇一〇年六月にかけてFRB（連邦準備制度理事会）は「QEI」という大規模な量的金融緩和、すなわち大量のドルの垂れ流しを行なった。ECB（欧州中央銀行）も同様の策をとった。しかし、ヨーロッパは期間が一年で、総額も四四二〇億ユーロであったので、後にヨーロッパを襲う危機の芽を摘みえなかった。

では、日本はどうなったのか。

二〇〇九年六月十一日、東京株式市場の日経平均株価は、一時的とはいえ一万円台を回復した。しかし、この株価上昇は短期の利ざやを狙った「投機マネー」の流入によった。麻生太郎首相（当時）は記者団に、「景気の指標がよくなりつつあることを先取りしているのではないか」と、自民党政権による一連の経済対策が株価上昇に寄与したとの認識を示した。

しかし、麻生太郎の認識はまったく甘かった。ウォール街に流れたQEIの大量のドルの一部が、クレディ・スイス証券とニューエッジ・ジャパン証券という欧州系に渡り、この二社が大量に日本の株式を買い上げた結果、日本の株価が上昇したのであった。この二社はCTAという、「商品投資顧問」と呼ばれるヘッジファンドである。これらのヘッジファンドが、ゴールドマン・サックス経由で大量のドル資金を日本株式市場に導き入れたのであった。

これらのヘッジファンドは無数に存在している。株式や債券などへの投資の他、様々な先物市場で短期売買を繰り返している。彼らは過去の値動きを分析して機械的に数値をはじき出し、相場の流れをつくり、短期決済する。すなわち、株価とは、景気上昇で上がるものではなく、彼らヘッジファンドの意向によって決まるという要素が大きいのである。この二社の他に外国人トレーダーが二〇〇九年四月以降、日本株を二兆三〇〇〇億円、買い越した。日本人投資家はリーマン・ショックの影響が大きく作用し、保有株を大量に手放していたのである。

ニューヨーク株式市場もダウ工業株三〇種平均が十月十四日、約一年ぶりに一万ドルの大台を回復した（半年前の三月には六五四七・〇五ドルであった）。

私は二〇〇九年に入り、アメリカでは失業者が増え続けて多くの人々が住宅ローンを払えずに持ち家を手放していたと先に書いた。だが、その大不況（国民の立場から見れば）のさなか、ウォール街では、ＦＲＢのＱＥＩによって大量に垂れ流されたドルがアメリカの株式市場へまず流れ、それからアジア、主に中国と日本の株式市場へと流れた。株式市場にとどまらず、商品市場にも流れた。金価格、食糧価格が上昇し、原油、鉱物資源も高騰した。

この例で分かる通り、私は読者に、株価が急騰する、または急落するのは、ウォール街による操作が行なわれた結果であると伝えたい。彼らは利ざや稼ぎをしていなければ生きていけない人間たちなのである。

二〇〇九年三月に六五四七・〇五ドルであった米ダウ工業株が、実体経済が悪化を続けているなかで、半年後の十月に一万ドルの大台に乗せた納得できる理由を説明できる人がいるだろうか。ウォール街と大企業の雇われＣＥＯによる八百長工作以外に、説明できる理由があるであろうか。

二〇〇九年七月八日、東京市場の円相場終値は一ドル＝九四円二五銭。ニューヨーク市場で九一円台を付けたのは日本時間の翌九日未明。わずか半日で二円五〇銭もの円高となった。この円高の理由について、「日本経済新聞」（二〇〇九年七月十日付）は次のように書いている。

円高に火を付けたのは世界経済の先行き不透明感の強まりだ。伏線は2日に発表された米雇用統計。雇用者数は市場予想を上回る幅で減少し、失業率の上昇も目立った。「市場参加者はゼネラル・モーターズの経営破綻ショックを乗り越えたと思っていたが、この期待は覆された。消費低迷への懸念が広がった」。第一生命経済研究所の熊野英生氏はこう話す。

熊野英生には誠に申し訳ないが、私が幾度も書いたように、「雇用者数が市場予想を上回った」というのは八百長工作である。市場予想なるものは、ウォール街の連中の都合のいいように作為的に創作された予想である。失業率についても故意による数字であると、幾度も書いた。二〇一二年になっても、同じような説明がなされている。

「ニューヨーク市場で九一円台を付けたのは日本時間の翌九日未明。わずか半日で二円五〇銭の円高となった」の中に秘密が隠されており、同時に、すでに秘密が解き明かされている。それは、わずか半日で二円もの円高になるように円が猛烈に買われ、ドルが売られたということである。分かりやすくいえば、ＦＲＢとウォール街が二円の円高にする確かな理由があると判断し、実行したということである。

つまり、そのほんの数週間前までは、景気の先行きに対する楽観論が強く、投資家は低金利の円で資金を調達し、その円を売って新興国通貨などを買って取引を膨らませていた。ＦＲＢとウォール街は大量のドルを実体経済への投資に使わず、円キャリー・トレードの代わりにドル・キャリー・トレードにしようと目論んだのである。だからこそ、円は上昇を続けた。十一月十七日には、一ドル＝八八円台の高値となった。

二〇一二年の超円高・ドル安相場の原点もこのときに始まる。日銀は量的緩和政策を二〇〇〇年に入ってから続けていた。その低利の金が、円キャリー取引となり、直接に間接にアメリカに流れ、バブルを演出したのである。

日本の銀行は円の流通システムを失い、国債を買って低利の金利を得て商売を続けている。二〇一二年の現在も超円高がさらに進んでいるのは、アメリカが大量のドルを海外市場に流すためである。アメリカが長期にわたり金利を低下させている真の理由を理解しなければならない。大量のドルを海外に流しながらも、表向きは海外マネーの流入を歓迎するという「強いドル」政策を掲げている。FRBは「強いドル」を演出する一方で、「ドル安は問題ではない」と言っている。

二〇一二年一月二十五日、FRBは「アメリカのゼロ金利は少なくとも二〇一四年終盤まで延長する」と発表した。それまでは「二〇一三年中頃まで」としていた。「今後もアメリカはFRBを通じて大量のドルを世界中に流す」と宣言したのである。日本の円高はさらに一層進むことになる。

こうした視点に立つと、「円高を是正しろ」という日本の動きは空騒ぎに等しいといえるのである。

あなたは、詩をもって世界＝経済を表現しなければならない。あなたの詩が世界＝経済の厚い壁を突き抜けなければならない。あなたの詩が世界＝経済の秘密を明らかにするとき、偶然に生起していると思われた出来事が必然性をおびていることを知るようになる。

しかし、あらゆるものが隠喩の世界の出来事だ。すべては、メタファーの中で生まれ、メタファーの中で死ぬ。それでもあなたは世界＝経済を語る詩人の魂を持つべきである。

金利の何たるかを知れば、世界＝経済を支配せんとする者たちが、何を企んできたかの歴史が理解できるようになる。今までは金利こそが彼らの利益の源泉であった。ＦＲＢに大量のドルを印刷させ、アメリカ財務省に貸し付けて莫大な金利を得る、というのが、彼らＦＲＢを支配する者たちの本来の稼ぎ方であった。それゆえ、彼らは莫大な利益を上げてきた。

しかし、彼らはＦＲＢに二〇一四年まではゼロ金利政策をとるように命じた。彼らが金利、すなわち利益を捨ててまで狙っているものとは何か。世界中の金融支配、すなわち、国家財政の破壊に狙いを定めたということである。アメリカはその先頭に立つ役割を与えられたということである。

ＦＲＢとオバマ大統領、そしてアメリカ財務省がウォール街と連携して、これからドル・キャリー・トレードを通して大量のドルを世界中に流していく。そのドルをウォール街が外国の国債に投資する。その結果が最初に表われたのがヨーロッパの債務危機である。ソブリン危機、

数多の八百長操作の主舞台、ニューヨーク証券取引所（ＮＹＳＥ）

すなわち国家そのものを危機に陥れ、倒産させることである。二〇一四年まで、一つの大変化が起こることをＦＲＢの作戦方針の転換が証している。

世界はかくも複雑な構造になっている

八百長経済学仮説——28

衆愚政治が世界中に蔓延《まんえん》している。そして、大いなる繁栄から大いなる後退へと続いた。パンドラの箱が開けられ、リスクマネーが世界中に溢れているのに、それに警報を鳴らす政治家も経済学者もいない。今、暴走し続けるこのマネーを管理できるシステムは存在しない。いまだ繁栄という言葉のみが、むなしく暗闇の中の一条の光となっている。八百長経済学は読者にこう説く。「幻想を捨てよ、真実を直視せよ」と。

私は二〇〇九年三月、アメリカの株価が六五四七・〇五ドルであったと書いた。この年の三月に、量的緩和策第一弾の「ＱＥⅠ」が実施された。ＦＲＢが三〇〇〇億ドルの国債を購入した。また同時にＦＲＢは、住宅ローン担保証券（ＭＢＳ）の償還等で得た資金もＱＥⅠととももに再投資した。この年の三月だけで、九〇〇〇億ドル近いマネーが市場に出た。ここで注意しなければならないのは、このマネーは、雇用のためや住宅に困っている人々のために使われることはなかったということである。この後も二〇一〇年十一月に「QEⅡ」として六〇〇〇億ドルの資金を金融市場に流している。

アメリカでは、住宅と商業用不動産の価格が下がり続けている。両方を合わせると、バブル崩壊で失われた不動産資産の合計額は五年間で九兆四〇〇〇億ドル、邦貨換算で七二〇兆円となっている。

しかし、ここで考え直さなければならない。「この九兆ドルを超える損失額の大半を、ウォール街を中心とする銀行およびヘッジファンドの連中が奪った」ということである。アメリカ国民は、失われた財産を誰からも補償してもらっていない。一方、ウォール街は国民から富を奪ったのみならず、FRBとアメリカ財務省から莫大なドルを与えられたのである。

リスクマネーとは何か。簡単に言うならば、国民から奪ったマネーと、FRBと財務省から与えられたマネーの合計である。それに今までに蓄えた資産が加わる。彼らはリーマン恐慌を演出し、巨大なドルを獲得したのである。単純な理屈を考えればこのことは理解できる。紙幣は破るか捨てる以外には消えることはない。失ったものは、他の誰かの手に渡ったのである。

リーマン恐慌の八百長性がこのカラクリを暴く。ネズミ講が誕生し、HSBC、バークレイズ、UBS、ドイツ銀行、そしてゴールドマン・サックスが、サブプライムローン債券を売り出し、その利益をＳＩＶという特殊目的会社（幽霊会社）を通じて、タックス・ヘイブン（租税回避地）に隠した。この利益金が多くの人々の損失額の大半である。この利益金は一切無視され続けた。二〇一二年の今日においても、八百長経済学のみが告発し続けているだけである。このカラクリを知りたい読者は拙著『八百長恐慌！』を読まれよ。

二〇一二年に入ってデリバティブ市場は大きく拡大している。この市場で動いているマネーは、ほとんどリスクマネーである。世界中の国家の資産を超えるマネーが動いている。

今（二〇一二年二月現在）、約七九〇兆ドル（約六京円）と、二〇〇二年末の四倍に膨らんでいる。デリバティブ、すなわち金融派生商品といわれるものは、現物株とは関係がない。現物株は企業を通して上場してもらわないといけない。しかし、デリバティブは投資会社やヘッジファンドが独自に開発し、その取引手数料も高い。株式時価総額の四七兆ドル（二〇一一年十一月末現在）と比較してみると、その規模の大きさが分かる。このデリバティブがひとたび狂うとリーマン恐慌以上のショックを世界に与えかねない。ＣＤＳについては幾度も書いた。このＣＤＳもデリバティブの一種である。後述するが、ヨーロッパ崩壊がＣＤＳによって決定づけられようとしている。

二〇一二年に入ってから、ヨーロッパ危機（後章で詳述する）が現実味を増すなかで、このマネーが行き場を失い、「質への逃避」を求めて彷徨《さまよ》っている。世界中にドルが溢れている。しかし、ドルの価格は下落しない。

多くの経済学者や経済評論家たちは、リーマン恐慌の前後（二〇〇八年～〇九年）にかけて、「一ドル＝五〇円説」を流行《はや》らせた。いまだにこのドル崩壊の神話を彼らは信じている。しかし、ドルは崩壊しない。なぜか、を問う経済学者も経済評論家もいない。これには一つの確かな理由がある。

私は、世界＝経済を単に、株価とか為替とか失業率とかで推測しようとしても真実は見えてこない、と書いた。また、世界＝経済を知ろうとすれば、歴史や心理学の勉強を通して、読者自らが考える人、すなわち哲学者にならなければならない、と書いた。それ以上に、直感力を身につけなければならない、と。そして、何よりも詩人であれと。

日本の経済学者や経済評論家たちの本が、私の周辺に山積みになっている。そのどれを読んでも、内容のほとんどは殺風景な状況描写に終始している。人間心理の綾がまるで描かれていない。浜矩子（同志社大学大学院教授）の『「通貨」を知れば世界が読める』（二〇一一年）から引用する。


筆者（浜氏）は以前から「一ドルは五〇円が適切だ」と考えてきた。

震災後にこの主張が変わったかという点についても、そうではないということを既述した。

その根拠について、ここでもう少し立ち入っておきたい。

引き続き一ドル五〇円時代の到来を主張する理由は二つある。一つはドル側要因、もう一つは円側要因である。

まず、ドル側の理由であるが、「ドルの過大評価が修正される力学はもはや抗いがたい。その流れは日本に何があろうと、それとは無関係に動き続ける」ということである。

私は為替相場の変動がアメリカ側の作為的（八百長的）工作によって動いてきたと実証した。この例にあるように、浜矩子、そして榊原英資らの人々は、為替相場は合理的に理路整然と数字によってのみ動くと信じている。そこにアメリカ側の深慮遠謀が存在するなどとは一切信じない。

私は、円高そしてドル安の一例として、アメリカ側が円キャリー・トレードを中止させ、ドル・キャリー・トレードを企んだからだと書いた。こんなことも一切彼らは信じない。アメリカの財政赤字が進めばドルは安くなっていくという考え方のみを疑いもせずに、読者に信じこませようとしている。

八百長経済学仮説――29

為替レートは複雑な要素によって動く。それは、春の若き芽生えのようにでもあり、秋の落葉のようにでもある。しかし、その複雑な為替レートの変化の源をたどれば、一つの型が見えてくる。自然界の生き物がすべて未来の安寧《あんねい》を願うように、人間も同じく未来の安寧を願って動いている。かつてはイギリスがそうであったように、今はパックス・アメリカ（アメリカによる平和）の傘の下で為替レートも動いている。だから、一方的ドル安はない。

私がアメリカについて延々と書き続ける理由が右の文章の中にある。

アメリカの軍事力は、その他全世界の軍事力に匹敵する。オバマ大統領がノーベル平和賞授賞式で高らかに「アメリカによる世界平和への貢献」を謳《うた》い上げたのも理にかなっている。イラクで、アフガニスタンで多くの人々が殺傷されようと、世界の人々は、心のどこかでアメリカによる平和を支持している。だから、この複雑な世界にフラクタル幾何学（どんなに拡大しても複雑な図形）が生まれたように、人間界にもフラクタル幾何学で説明可能な世界が存在し続けたのである。生きとし生けるものは皆、平和を願っている。

世界＝経済が崩壊する時が来ようとしている。それは、自然界を逸脱しかかっている人間への、自然界からの復讐にちがいないのである。世界＝経済を支配せんとする怪物たちは崩壊間近のヨーロッパに棲んでいる。いつか、アメリカが彼らに破壊されるとき、円もドルも存在しなくなる。一ドル＝五〇円どころではなくなる。浜矩子も榊原英資も、こんな未来へのビジョンを持たないのではないか。

今、世界中で怒れる若者たちが騒いでいる。彼らは未来への挑戦を続けているのだ。「ウォール街を占拠せよ」の若者たちのように。

闘え、若者たちよ！　未来を奪い返せ！

君は「NO!」と叫び続ける若者たちを見たか

私たちは二十一世紀という時代に生きている。形而上学な本が読まれなくなった時代に生きている。哲学とは、簡単に説明するならば「いかに不安とつきあっていくか」であると私は考えてきた。ここで私は哲学者を紹介するつもりはない。私は経済について書いている。しかし、私は既成の経済書の本流からはるかに離れている自分に気がついている。

気がつけば、読者に哲学者になれ、詩人になれと語りかけている。そしてそのつど、その理由を書き添えてきた。「経済とは、人間が生きる方法を見出すこと」に他ならないと思うからである。

二十一世紀とはどんな時代かと問われれば、「複雑怪奇な時代」としか答えようがない。だがそれでは答えになっていない。「世界中に矛盾や裏切りが満ちに満ちた時代」と答えたい。そうすれば二十一世紀が若干ながらも見えてくる。それでも少しだけ経済という観点から離れて、サルトルという哲学者の話をする。

サルトルが日本に紹介されたのは戦後しばらくたった一九五〇年の終わりごろだったか。私は十代のとき、サルトルの本を読み漁った記憶がある。そこで「自由」という言葉に出会った。

その自由が私に重くのしかかってきた。それが哲学する私自身の出発点であった。ニーチェ、カミュ、ハイデッカー、ドストエフスキー……私は十代の後半から二十代にかけて、「生きるとは何か」の暗い問いを発しつつ生きてきた。そして、一つの結論に達したとき、私はしばらくの間、西洋風の「哲学する」ことから遠ざかった。より日本的になった。道元と荘子にめぐり会ったからだ。

「複眼的な思考をもって生きなければならない」

私が世界＝経済について考えるとき、いろいろな角度から追究していくのも、若い頃に身につけた思考方法なのである。見田宗介が指摘したように、私が青年であった半世紀前に比べて、二十一世紀の今は、空気が薄くなっているように思えてならない。

八百長経済学仮説――30

将来に何が起きるのかの予測が立たない。どんな制度や体制が出現するのかを誰も知らない。不安だけが増大し続けている。貧困の時代が過ぎたのに貧困問題が深刻化している。不安と孤独の時代が続き、そこから脱することができない。複眼的な思考をもって、この現状を見るべきである。危機の中から新しい思想を創造すべきである。欲望をコントロールすれば、経済を見る眼が大きく変化する。

伊東光晴（京都大学名誉教授）が「週刊エコノミスト」（二〇〇八年四月十五日号）に『同感の論理』を欠いた覇権国アメリカの崩壊の世紀か」を書いている。

そして、アメリカの経済問題はやはり4つで、第1は貧困。豊かな社会アメリカで、ワーキングプア（働く貧困層）の拡大が問題になっています。第2は不平等。極端な富の偏在だけでなく、80年代以降は、中産階級内の不平等が拡大しました。第3は経済の不安定性。サブプライムローン（信用力の低い個人向け住宅融資）問題にみられるように、投機とその破綻による混乱が続いています。第4は、発展途上国の工業化による経済覇権の揺らぎです。

伊東光晴のいう「四つの経済問題」はすべて日本にもあてはまる。第一～第三にいたる経済問題について私は今まで書いてきた。ここでは、第四の「発展途上国の工業化による経済覇権の揺らぎ」について書くことにする。グローバル化されたゆえに先進国が発展途上国の追い上げで、経済が衰退していったのかという問題である。

「グローバル化されたがゆえに先進国の衰退が始まった」というのが通説になりつつある。ここでも私は複眼的な思考方法をとるように読者に言いたい。

日本は第二次大戦後、アメリカという帝国の下でひたすら経済発展を遂げてきた。そして、先進国の仲間入りを果たした。一九九〇年代から「失われた一〇年」とも「失われた二〇年」ともいわれる長いトンネルに入った。しかし、これは、ある意味では歴史の必然でもあった。日本はグローバル化を目指して途上国に経済進出した。そしてようやく繁栄を迎えたときに、同時に、当時のエネルギーを使い果たしたのであった。だから、高度経済成長の時代を経て下降線をたどり、後進国、否、新興国の台頭に圧倒され続けているのである。アメリカ同様、日本も沈みこんでいる。もう一度、伊東光晴の文章を引用する。

ホブズボームは音楽家メニューヒン（1916〜99年）の次の言葉を、20世紀の大局的な見方の1つとして引用しています。「20世紀を要約しなくてはならないとするならば、この世紀は、人類がこれまで抱いていた最高の希望を打ち出し、同時に幻想も理想もすべて打ち砕いたと私は言いたい」

このメニューヒンの言葉は、今の日本人の心境を代弁しているように思える。私たちは、グローバル資本主義に夢をたくし、そこに最高の希望を見いだして生きてきた。そして、過去を振り返ったとき、夢や理想がすべて打ち砕かれたと感じている。しかし、中国はグローバル化によって「世界の工場」となり大きく発展した。日本も先進国として中国に進出し、大きな利益を手にし続けている。

世界はなぜ、かくも複雑な構造を持つにいたったのか。一つは、アメリカという巨大な帝国が、二十一世紀を迎える前から物体化したということである。もう一つは、他の国々も、「アメリカ化」を狙ったということである。アメリカの価値システムが崩壊し始めたから、世界中で、特に先進国で価値システムが崩壊し続けているのである。

二十一世紀とは何か。それは幻想の時代からの回復期かもしれない。それはまた、大いなる危機の連続となる世紀かもしれない。「人間とは何か」を問う時代の幕開けかもしれない。私は哲学者の登場する時代が来たと思っている。登らなければ得られない一輪の花を求めて、死を賭して絶壁を目指す若者たちの姿を連想する。

今、若者たちが世界中でその花を求めて、危機の中を彷徨っている。危機の中から、本当の革命がやってくる。ロンドン・シティやウォール街に巣喰う世界＝経済を支配せんとする怪物の手下たちに、彼らは照準を定めている。

君は、「NO!」と叫び続ける若者たちを見たか！

今こそ、複眼的思考をもってこの世界＝経済を見よ！

第七章■ネバーランド中国の崩壊シナリオ

幻の大国・中国の真の支配者は誰なのか

八百長経済学仮説――31

市場原理主義と国家資本主義は、権力者という存在なくして存在しえない。世界＝経済を支配せんとする怪物たちがその権力者である。アメリカのウォール街と中国共産党の小物たちはともに影の権力者から操られ、アメリカという国家と中国という国家の権利を悪用し、巨大な富を築いてきた。そのカラクリの真実が暴かれようとしている。なぜ、中国共産党とウォール街が同根の悪なのかを追究する以外に、この世界を救う道は見いだせない。

どうして中国がアメリカに次ぐ経済大国といわれるようになったのか。二〇一二年五月、イギリスのスタンダードチャータード銀行が中国経済に関するレポートを発表した。要約する。

中国の広義マネーサプライ（M２）は過去五年間で約一四六％増加し、二〇一一年末時点でのM２残高は八五兆二〇〇〇億元（一三兆五〇〇〇億ドル）に達した。二〇一一年度の世界全体のM２新規増加額のうち、中国が約五二％を占めていることになる。世界金融危機発生以降三年間（〇九～一一年）の新規増加総額のうち、約四八％が中国中央銀行によるものである。

さて、読者は思い出してほしい。二〇〇八年九月のリーマン恐慌後、FRBが秘密裡に七兆七七〇〇億ドルのドル資金をウォール街を中心に与えていたことを。中国中央銀行はその約二倍の金を、中国銀行、中国工商銀行、中国農業銀行、中国交通銀行の四行を通してマネーサプライ（M２）として流した。この四大銀行は、中国共産党の支配者たちにマネーを配分する機関でもある。

二〇一〇年四月三十日現在で、この四大銀行は巨大な営業赤字を抱えていた。中国銀行＝四〇〇〇億元、中国工商銀行＝二五〇〇億元、中国農業銀行＝二〇〇〇億元、中国交通銀行＝四二〇〇億元。四行による調達資金は三八二〇億元（約五兆三〇〇〇億円）。これらは中国の中央銀行（中国人民銀行）が一括して帳消しにした。

私たちは世界のマネーサプライの増加の約半分が中国の中央銀行によるものであることを知る必要がある。二〇一二年の今、中国のM２の増加で、世界M２の規模は五〇兆ドルに達するようになった。

リーマン恐慌の後、中国は輸出が大幅に減少した。そこで中国政府は大量の人民元を中国人民銀行に印刷させ、四大銀行を通じて国家事業（主として鉄道や道路建設）に投入した。同じようなことを現在までしてきている。

「マーシャルのK」という統計方法がある。M2対GDP比である。二〇〇〇年の中国GDPの総規模は八兆九〇〇〇億元であったのに対して、M2は一三兆五〇〇〇億元で、マーシャルのKは約一五〇％であった。二〇〇九年になると、GDP三三兆五〇〇〇億元に対するM2は六〇兆六〇〇〇億元で、マーシャルのKは約一八〇％と急速に拡大した。二〇一二年現在のマーシャルのKは分からないが、異常に増加しているにちがいないのである。

アメリカでもマーシャルのKは五〇〜七〇％であり、バブル経済のピーク時でさえも日本のマーシャルのKは一二〇％であった。中国政府は二〇一一年末時点でマーシャルのKは一八九％であると発表した。一説では二〇〇％を超えているといわれている。

中国人民銀行は「マネーサプライの拡大は帳簿上の自己資産を増やしただけだ」と弁明している。しかし、この弁明はまやかしである。

中国国民から多くの財産を集めた中国人民銀行は、中国の四大銀行を通じて、国営の石油、石炭、鉄鋼、鉄道などの事業にその資金の大半を投入している。まさに国家資本主義そのものである。この国家資本主義に参加した者だけに既得権益層が生まれた。彼らは手にした利権を守りぬかんとして国家中枢と組んだのである。だから、リーマン恐慌のときにも大量の人民元を印刷して八％成長をなんとか成し遂げた。しかし、大量に印刷された元は国有銀行から国有企業にのみ流れて、中小企業にはほとんど渡らなかった。

これは、ＦＲＢとアメリカ政府がウォール街にドルを与え続けたのに似ている。権力の存在とその行動様式が見えてくる。

中国が大量に印刷し続ける人民元は中国国内にのみ留まるものではない。香港ルートで元は香港ドルに交換できる。その香港ドルをアメリカのドルに交換できる。元を印刷すれば、ドルが誕生するのである。

香港は二つの顔を併せ持っている。一つは共産中国の属領としての顔である。もう一つは、世界＝経済を支配せんとする怪物たち、ロスチャイルドと金融エリートたちの従僕としての顔である。

香港ドルの発行銀行は、ＨＳＢＣ（香港上海銀行）、ＳＣＢ（スタンダードチャータード銀行）、そして中国銀行である。この三行が香港の中央銀行にあたる香港金融管理局（ＨＫＭＡ）を支配する。ＨＳＢＣとＳＣＢが政策協議をし、香港ドルを印刷する。その紙幣の三分の二以上はＨＳＢＣが発行している。ここまでくると、誰が巨大な共産中国の支配者であるのかが分かってくる。もしＨＳＢＣが「元を香港ドルに替えられない」という方針を打ち出せば、中国経済は崩壊してしまうということである。

アメリカのウォール街が景気回復し、大きな利益を上げるようになった。しかし、多くの人々が仕事もなく、貧しい状態に置かれたままである。まったく同じことが中国にもいえるのである。共産中国で権力を握った者たちは、元をドルに替えて、海外に送金している。万が一、中国が崩壊したときに、一族で海外に脱出するためである。彼らは子弟を主にアメリカに留学させている。中国に対する愛国心などはまったく持っていない。ウォール街の連中と同じ精神構造である。

これから何が起ころうとしているのかを、ウォール街の連中も共産中国の権力者たちも知っている。世界をゆっくりと崩壊させて、単一の国家を誕生させるために、彼らは働いているのである。

中国はゆっくりと崩壊していく。しかし、そのシナリオは中国以外の国々の崩壊の様相によって変化する。未来は一つではない。数多くの未来の中には、中国が突然に崩壊するシナリオもあるかもしれない。

中国は滅亡のシナリオを採用してしまった

八百長経済学仮説――32

八百長経済学は苦難の中から出発する。あなたは今、世界＝経済とは何かを理解しつつある。世界がどんなに複雑な構造になっているかを知りつつある。世界＝経済を理解するとは、さまざまな苦難を理解する旅路なのだ。偽りの真理に挑戦せよ。その過程で、闘いの中で自分が何者であるかを発見できる。

行天豊雄編著の『世界経済は通貨が動かす』（二〇一一年）から引用する。

結論から言えば、予見しうる将来に中国が米国に代わって覇者となる可能性はない。二〇二〇年代に始まる人口の減少と高齢化、エネルギー・原材料・水・食料の供給制約、環境保全の必要等から、中国の成長力は低下せざるを得ない。一般的選挙制度の導入、司法の独立、思想・表現の自由といった政治的・社会的改革の方向と速度も現在のところ明らかでない。前述の六つの国力のうち、特にイデオロギー力において、中国は、米国の持つ自由とデモクラシーに匹敵する、指導者としてのエトスを持っていない。

行天豊雄の本は通貨、元を論じている。しかし、私が書いた「大量の元発行」について書くことがない。行天豊雄は「バブルの一因は過剰流動性にある。この過剰流動性の一部は、大幅な経常収支の黒字によって流入した外貨資金を人民元に交換することによって生じたものである」と書いている。これはまったく正しくない。

はっきりと私は書く。

経常収支の黒字の一部は人民元として輸出企業に入る。そして残った大部分は外貨準備金として、主としてアメリカの国債を買ったりするし、輸入代金となる。私は「マーシャルのK」の悪用ぶりについて書いた。しかし、行天豊雄にかぎったことではない。中国の暗部があればそれを告発しないでは真実は書けないのである。

なぜ、中国経済はインフレが加速するのか。中国は、マーシャルのKが二〇〇%を超えるほどの、大量の元を印刷しているからである。

二〇一一年四月九日、中国国家統計局は中国の三月の消費者物価指数が前年同月比で三・六%上昇したと発表した。二月の三・二%からインフレがさらに加速したことを示した。三月の食品価格は前年同期比で七・五％上昇した。コメ類の価格は四・三％、豚肉類の価格は同一一・三％、水産品価格は同一一・四％上昇した。食品のうち、野菜価格が特に高くなっており、同二〇・五％と急騰した。特に、白ネギ、キャベツ、白菜の価格はそれぞれ八五・八％、六三・六％、五四・九％と高騰した。日常生活に必要な品々も一〇％以上も値上がりしている。これが、毎月毎月、上昇局面を迎えているのである。

アメリカは「人民元は安すぎるから高くしろ」と主張し続けている。人民元は幻の通貨であることを知るといい。

私は過去に四回、中国に行ったが、中国人は、元という通貨そのものを信用していない。人民元を支えているのはＨＳＢＣという銀行である。ＨＳＢＣは中国建設銀行、中国工商銀行、中国銀行の中国三大銀行の支配権を握っている。人民元をドルに転換しうるからである。人民元の国際化を進めているのはＨＳＢＣである。生活必需品が一〇〜二〇％単位で毎年毎年上昇していく国は、破産寸前の国家といっていい。

それでも都市で暮らす人々は賃金が上昇を続けているからまだよい。農村部は悲惨である（後述する）。

私は、中国の成長率のほとんどは人民元の大量印刷の結果だと思っている。このために、輸出によって蓄積された外貨が中央銀行によって管理・運用されている。この運用に一般の企業は参加できない。中国政府直轄の企業が外国企業を買収したり、資源確保のために投資したりする。二〇一〇年には日本を抜いて、海外への直接投資額は世界第五位となった。まもなく、アメリカに次いで第二位に躍り出るにちがいない。

二〇一二年六月一日から円と人民元を直接取引できる仕組みが東京と上海にできた。今までは、円と人民元との交換は、両通貨をそれぞれ米ドルとまず替えて取引する、事実上の「ドル建て」であった。今まで銀行は、ドルへの交換の際に為替手数料を仲介業者に支払っていたが、それがいらなくなった。

これから日中貿易はさらに勢いを増してくる。中国は人民元を大量に増発し続けているから、ただ同然で、日本から何でも買い入れることができる。しかし、中国国民はその日本商品も毎年数％ずつ高値で買わなければならない。

ゴールドマン・サックスは二〇一〇年五月に、「二〇〇九年末の時点で中国政府の負債総額は一五・七兆元（約二一一兆円）に達し、同年ＧＤＰの四八％を占めている」と指摘した。しかも、「中国地方政府の債務の増加ペースが急ピッチで進んでいる」と。このレポートの後、ゴールドマン・サックスは中国市場から全面撤退した。

私はここで読者に一つの質問をする。

「どうしてアメリカは中国に対して人民元を高くしろと言い続けているのですか？」

人民元を意図して安くしているから、中国製品が大量に安価で入ってきてアメリカが困る、というのが既成経済学としての模範解答ということになっている。しかし、私は異なる考えを持っている。

アメリカ側の注文は表層的なもので、世界＝権力から命令を受けたクリントン国務長官やガイトナー財務長官たちは、人民元の価値を高めるための〝芝居〟をしているとしか思えないのである。

アメリカ国民は、ウォルマートなどのスーパーマーケットでしか物を買えなくなった。国内産業がグローバル産業に敗れ去ったからである。それに、中国製品を高くしろとはとてもいえない。あれは、ウォール街から要求された文面を、オバマ大統領らが朗読しているにすぎない。

ほとんど価値のない人民元を高く設定せよと叫ぶほどに、人民元は価値を高めていくのである。人民元は国際通貨になろうとしている。しかし、国内物価が上昇し続けている。アメリカは中国よりまだましである。物価は安定している。中国は経済成長しているのではない。毎年毎年、マイナス成長している。しかし、中国共産党に連なる一部の人たちだけが、成長率という名の恩恵を受けている。

中国政府は二〇一二年に入ると、二〇一二年の経済成長率の目標を七％台に抑えた。欧州危機による輸出の激減のせいである。輸出によってしか成長率を伸ばせないことがはっきりとしてきた。二月二日、ドイツのメルケル首相は北京で中国の温家宝《ウェンチアパオ》首相と会談した。メルケルは世界最大の三兆ドル（約二二八兆円）を超える中国の外貨準備に期待を示した。中国は結局、メルケル首相の夢を打ち砕いた。あの三兆ドルこそは人民元を大量印刷し、インフレを創り出し、毎年一〇％強の物価高を演出して得た中国唯一の財産なのである。

中国は借金に苦しむ欧州の国々に、盛んに進出している。ついにイタリアには中国人経営の「工業団地」が出現した。繊維業の古都プラート（トスカーナ州）には中国人経営の衣服工場が急増した。市の繊維会社の約二割が中国系となった。ギリシャでは、アテネ郊外の港のコンテナ埠頭の運営権を中国の海運会社が取得した。

中国も国内で産業が衰退しはじめたので、海外進出を狙いだした。特に二〇一二年に入ってから中国企業による欧州Ｍ＆Ａ（合併・買収）の攻勢が続いている。

ついに、六月に入って中国人民銀行は、二〇〇八年のリーマン・ショック後以来の利下げに踏み切った。金融緩和により景気の回復を取り戻そうというのだ。「外憂は減らず、内憂は増す」と中国メディアは伝えた。

再び人民元の大増刷が始まった。「安定成長を最も重要な位置に据える」と温家宝首相は方針を示した。大手銀行への貸し出しを増やしだした。「マーシャルのＫ」が上昇を続け、消費者物価がさらに上昇しだした。すでに物価上昇率が預金金利を上回っていたが、この差が一段と開きだした。共産党政府は成長目標を七％と下方修正した。

私は中国が二〇一二年から滅亡のシナリオ通りに動きだしたとみている。ヨーロッパが先か、中国が先か。そして、若者たちは何をするのだろうか。

経済データを偽造する中国国家統計局

中国当局は多くの統計データを偽造し続けている。その中心に国家統計局がいる。

中国国家統計局によれば、二〇〇九年の「登記失業率」は四・三％である。しかし、国務院新聞弁公室は「中国の労働力人口は一〇・六億人強で、就業者総数は七・八億人弱である。この数値を用いると、中国の失業率は二七％と算出される」と公表した。

また、中国誌「二十一世紀経済報道」（二〇一一年一月号）によると、貧困層は二〇一〇年の四〇〇〇万人から二〇一一年には一億人に達するという。深刻なインフレの影響がここにも表われている。湖北省武漢市に住むネットジャーナリストは、中国の貧困人口は約五億人と推計している。この五億人という数字が正しいと私は思っている。中国もまた、一％の富裕層と九九％の貧困層、すなわち、アメリカと同じように、（比較することはできないが）貧しい人々が年々増大しているのである。

二〇一二年二月六日、国際通貨基金（ＩＭＦ）は、中国の経済見通しを発表した。欧州債務危機がさらに深刻化して最悪の事態を迎えた場合、二〇一二年の中国の実質国内総生産（ＧＤＰ）の成長率は四％台に悪化する恐れがある、とした。この四％台が今の中国の正しい成長率ではないだろうか。二〇一一年十月から十二月にかけて成長率が鈍化した。ＩＭＦは中国当局に金融緩和を促したのである。

インフレが進み、賃金上昇、人民元切り上げなどで対中投資を敬遠する動きが出てきた。従来、外資系企業は安価な労働力が魅力で中国を生産拠点としたのであった。中国側も技術の向上もあり、より高度な技術を獲得しようと外資を選別する政策に移りつつあった。

八百長経済学仮説――33

国家権力が国民の富を掠奪《りゃくだつ》し続けることはできない。国家は内部が腐ったときに、滅亡への道をたどる。外敵は内部の敵とともに国家を崩壊させる。内部の敵とは何か。権力者たちが既得権益を死守せんとし、権限を悪用し国民の怒りを買うときに、内部の敵はその姿を見せる。私たちは、国家の衰亡の時を、そのはるか未来の時を、今、知ることができる。

いかなる大帝国でも滅びるときは滅びる。中国という幻の大国が滅びつつあることを知るとき、世界＝経済の複雑な構造を知ることができる。君の英知で未来の時をむんずと掴みとるがいい。

中国はなぜ、危機に陥り、滅亡のシナリオ通りの道をつき進んでいるのか。それは、インフレ抑制策が機能不全に陥ったからである。金融引き締め策をとり続けたが、「手遅れ感がありすぎた」からである。その金融引き締め策も二〇一二年六月には金融緩和策に変えた。ＩＭＦが四％台の成長率としたのを、七％台に強引に乗せようとせんがためである。

インフレを抑制するための最も有効な手段は人民元の切り上げである。そうすれば世界的な食糧価格の上昇も抑制でき、エネルギーや原材料の輸入価格の高騰も抑えられる。しかし、そうなっては輸出がより難しくなる。安価な製品を大量に輸出して国民の仕事を生んできた構造が消えていく。失業率は三〇％以上となり、国民の不安が怒りへと転じ、国家権力者たちの命も狙われる。

早ければ二〇一二年終盤、遅くとも二〇一三年から二〇一四年にかけて、中国は必ずや大乱に突入する。物価高が急激に進み、国民の不満が一気に爆発するのだ。エジプトをはじめとする中近東諸国と同様の騒乱が起きる可能性が大である。あの天安門事件も、物価高騰がその真の原因であった。

中国の中小企業は全国の企業総数の九九％以上を占めている。また、国内総生産の七〇％、国の税収の五〇％が中小企業による。しかし、中国共産党が一党支配する国家がいくら金融緩和策をとっても、そのマネーは四大銀行を通して国営企業に流れていくか、地方政庁を通して土地やマンション価格のバブル維持のために使われるにすぎない。国家を実質的に支えてきた多くの中小企業は倒産するか、倒産の瀬戸際にある。温家宝首相は金融緩和策を実行するにあたり、国内の中小企業を対象とする融資の優遇や税の減免措置について言及したが、それは口先だけのことである。

中小企業に融資する銀行も政府機関も存在しない。銀行は「黒社会」と結託していて、高利の金しか貸し出ししない。中小企業は利幅が縮小し、資金調達もできず、過剰生産ゆえに従業員に給料も支払えなくなっている。収入は著しく減少し続けている。長い間、中国の経済成長の牽引車は中小企業であった。中国共産党独裁政府はこの中小企業を重要視してこなかった。そして今、彼らから報復を受けている。

重慶市元トップの薄熙来《ポーシーライ》が職務停止されて以来、中国は権力闘争の渦の中に巻き込まれている。中国共産党政権そのものが、はたして正当性のある政府なのかという根本的な問いが浮上してきた。

私は中国共産党内での権力闘争については書かない。いかなる人物たちが国家権力を握ろうとも、それはたいした問題ではない。中国の景気減速が止まらないのが問題なのである。中国の景気が急速に減速しだしたということは、ヨーロッパとともに世界的な恐慌の前兆となるからである。ヨーロッパの混迷で輸出が減少し続け、国内での需要も落ちている。

中国の富裕層の九割が子弟の海外留学を計画している。一九七八年に改革開放が始まってから、海外留学した中国人は一六二万人。中国に戻ったのはその三分の一にも満たない。中国の大富豪の七四％は国外移住を望んでいる。このことは、近い将来に中国が崩壊することを見込んで海外移住のための手段をすでに準備していることを証している。共産党一党独裁の国家の未来に希望を持っていないということである。

中国の富裕層たちは、いつでも国家を捨てる覚悟ができている。しかし、大多数の中国人には逃亡のチャンスもなければそんな金もない。彼らの不満が最高潮にまで昂じたときに、第二の天安門事件が発生し、中国全土が騒乱の渦に巻き込まれる。

私はその時が限りなく近づいていると思っている。今、中共政権の正当性に対し、ほとんどの中国国民が疑い始めている。それでは、中共政権に「ＮＯ！」と叫ぶ若者たちについて書くことにしよう。

言論の自由なき中国にまともな未来はない

中国政府が発表する統計はほとんど信用できない。失業率についてもまったく低い数値しか発表していない。しかし、その政府が二〇一〇年に発表した最低賃金額は一カ月当たり五一〇元（約六七八三円）、一年間当たり六一二〇元（約八万一三九六円）。この額は世界一八三カ国の中で第一五八位となっており、アフリカ三二カ国よりも低い。

なぜ、世界中の大企業が中国に殺到したのか。それは低賃金ゆえである。世界の多くの国では、企業コストに占める賃金の割合は約五〇％である。しかし、中国では一〇％にも達していなかった。

中国国内の八五％の労働者の賃金は非常に低かった。賃金水準も長い間調整されることはなかった。この最低賃金の水準の低さが内需不足の主因となったのだ。

一方、公務員の賃金は上昇を続けてきた。中国は賃金水準は低いが、国民の租税負担は決して低くない。中国政府の税収は過去二〇年間、平均一九・五％の増長率に達した。しかし、中国政府の権力者たちはその税収を自分たちに都合のよいように使ってきた。中国の教育支出も世界平均の半分しかない。二〇〇〇年、世界保健機関（ＷＨＯ）は世界一九一カ国を対象に医療制度の公平さについての調査を行なった。中国は第一八八位だった。中国の病院は富者のためにのみ存在しているのである。

中国には「労働教養制度」というものがある。裁判を経ずに、警察などの判断だけで最長四年間、市民を勾留できるのが労働教養制度である。ストを実行すると「社会秩序を乱した」という理由のみで強制的に施設に収容される。二〇〇八年末の時点で約三五〇カ所の収容所があり、収容者は一六〇万人（政府発表）に上るというのだ。

二〇一〇年度のノーベル平和賞は中国の民主活動家劉暁波《リウシアポー》（当時五十四歳）に授与された。授賞式は十二月十日、ノルウェー・オスロで開かれた。劉暁波の代読文章の一部を記す。

私の人生において（天安門事件の起きた）一九八九年六月は重要な転機だった。私はこの年、米国から戻って民主化運動に参加し、「反革命宣伝扇動罪」で投獄された。そして今また、私を敵と見なす政権の意識によって被告席に押し込まれている。

しかし、私には敵はおらず、憎しみもない。私を監視、逮捕した警察も検察も、判事も誰も敵ではないのだ。私は、自分の境遇を乗り越えて国の発展と社会の変化を見渡し、善意をもって政権の敵意に向き合い、愛で憎しみを溶かすことができる人間でありたいと思う。

劉暁波はまた、「表現の自由は人権の基であり、人間らしさの源であり、心理の母である。

言論の自由を封殺することは人権を踏みにじることであり、人間らしさを窒息させることであり、心理を抑圧することである」とも書いている。

八百長経済学仮説――34

言論の自由を封じることは、その国家がすでに国家としての存在価値を失っていることを示している。言論の死は国家の死に他ならない。人権を至上とする法治国家が国家発展の礎《いしずえ》なのである。言論の自由は、国民の創造力を発展させ、国の経済力を強化する。中国の未来はと問われ、中国は発展し続けるという経済学者たちは、人間の価値そのものを信じない凡人である。

「木の葉は育った木の根元に落ちる」とは中国の古いことわざである。劉暁波は中国のよき精神そのものである。彼の文章を読んでいると、道教の士であるような気がしてくる。

中国政府は「社会の安定」を第一に掲げて、言論の自由を封じてきた。温家宝首相は、劉暁波のノーベル平和賞受賞前の十月三日、「人民の民主、自由に対する求めを拒むことはできない。しかし、中国は人口一三億人の国だ。正常な秩序を確保する必要がある」と、米CNNのインタビューに答えた。

私は中国という国家が格差社会であると書き続けてきた。だから、温家宝は自分と連なる人々の利権を守るために、言論の弾圧を続けている。もし、何かのことで、ほんの小さなことで、中国という国の辺境で火がついたら、それが大量の乾いたワラを燃やし、地方政府の建物を焼き払い、北京の天安門に迫ることも可能なのである。

二〇一一年七月二十三日の夜、中国浙江省温州で高速鉄道事故が起きた。事故原因をめぐっては、自動列車制御システム（ATC）が作動しなかった可能性が指摘された。多くの死傷者が出た。しかし、正確な死傷者の数は判明していない。原因究明もなされていない。遺族が初めて抗議した。事故から約二〇時間後、捜索終了を宣言し、重機による撤去を始めた車両から二歳の女児が救出された場面は忘れがたい。この事故で遺族に払う賠償金を過去の事故より高い五〇万元（約六〇〇万円）としたが、「低すぎる」との批判が相次いだ。温家宝首相は現地視察をした後に九一万五〇〇〇元（約一一〇〇万円）に引き上げた。即座に四〇人中一五人が受け入れた。結束して批判を強めていた遺族たちは分裂した。

温家宝に反旗を翻すことは共産党のメンツをつぶす行為であり、決して容赦できないことなのである。その後、マスコミの事故批判に対し、共産国家は取り締まりに出た。「公共の場で政府を批判すれば拘束する」との通達が出された。温家宝が遺族たちに賠償金を倍増したのだから、これ以上批判をすれば「人民の敵」とみなすとされた。この事故後、民主化運動は厳しい監視下に置かれるようになった。鉄道省は政府直轄の機関である。鉄道省の責任を問う声は一切封印された。

私は中国の人権がどのように強権の下で無視されてきたのかを書いた。二〇一二年に入り、輸出が急激な下降線をたどり、減っている。人件費（賃金）がインフレに伴い上昇している。中国を支えてきた中小企業の倒産が増加の一途をたどっている。三年間抑制してきた後の金融緩和策でインフレ率が急上昇し、賃上げを獲得した労働者でさえ、さらなる物価高に困るようになる。

私にとっての経済学とは、人々の生活を描くことである。国債がどうのとか、株価とか、為替相場の数字とかは二の次である。人々の生活を描くなかで、国債とか、株価とか、人民元とかはおのずから見えてくる。中国に火がつき、その火が燎原の大火となり、北京が灰燼《かいじん》に帰《き》する様子が私には見える。人民を苦しめた強欲な人間たちに天罰が下る日は近いのである。

中国は大きく揺れている。その一つは中国最高権力をめぐる争いである。それが表面化する発端は、重慶市の書記だった薄熙来の失脚であった。この背後に上海閥十太子党と中国共産主義青年団（共青団）との暗闇がみえる。私はこの政治闘争そのものについては書かない。私はこの政治闘争の背後に見え隠れする政治改革や民主化の動きに注目する。天安門事件はいまだ解決されていない。多くの中国人インテリが、政治改革を訴え始めている。国家権力と結びついた縁故強欲主義に対する警鐘を彼らは鳴らし続けている。

二〇一二年は一〇年に一度の体制移行期である。国家権力を握る連中も、このままの政治システムを続ければ、経済発展に困難をきたすことは知っている。

私は中国で格差が拡大していることを書き続けてきた。もし、知的ルネッサンスが近い未来に中国に起こらなければ、中国は衰退し、あるいは内乱が起きる可能性が大である。

私は中国に、新たな民主化運動を期待したい。民主化が進まなければ、バブルはいつか必ず破裂する。地方債務がGDP比三〇%というこの事態を改善できなければ、金融メルトダウンが起きる。

これから中国はさらなる金融緩和策をとり、世界のマネーの半分以上にも及ぶ人民元を発行し続ける。幻の大国・中国にもし金融メルトダウンが起きれば、その大津波は世界中を襲う。良き経済とは、国家と国民の道徳的な絆の中から生まれてくる。この視点から、中国経済を見直さなければならない。人民元の大量発行を続け、ドルを蓄め続けて、あたかも大国の風を装う中国には、ほんの少しの期間しか栄光の日々は残されていない。

中国のバブル崩壊、人民元安がもたらす世界の悲劇

二〇〇七年に世界銀行は中国の環境汚染に関する報告書を発表した。大気が汚れている都市のワースト二〇のうち、一六までを中国の都市が占めた。また、中国の河川の流域や沿海地帯には二万一〇〇〇余りの化学工場が操業している。有毒な廃棄物や廃液をたえず排出している。多くの川が工業汚染の影響をうけて病んだり、否、死の川となっている。

中国は確かに経済発展した。しかし、中国の汚染はその発展のすべてに匹敵しうるようなものとなった。

環境破壊は人身破壊である。中国各地で農民、労働者、退役軍人たちが暴動を起こしている。二〇〇六年には六万件、〇七年には八万件、そして現在ではその数は天文学的な数字に達しているという。

二〇一一年六月十日、広州暴動が発生した。露天商の女性に治安当局が暴力を振るったのがきっかけで、一万人規模の大暴動に発展した。二〇一二年五月十日、中国雲南省で乳飲み子を抱えた若い母親が、爆弾を身体に巻きつけて、衆人環視の中で、共産党指導者たちの列に飛び込み、二〇人以上の死傷者を出した。この若い母親は、夫を政府官僚に殺されていた。

私は書き続けてきた。暴力をもって人民を抑圧し続けることは不可能である、と。すでに、中国という国家は「国家なのか、それとも党の国家なのか」を問われるときが来た。党の国家は、中国共産党を維持するために、軍隊（人民解放軍）と一体になった。今や、軍が党を支配するという時代が到来しつつある。

もうすぐ、人民解放軍に支持された習近平《シージンピン》という「新しい毛沢東」が、中国共産党と軍と、そして彼らの子弟の利権を固守するために、一三億人の貧しい人々と対立する。軍は「銃口で支配」している。そして、一三億の国民にも銃口を向けはじめている。それほどに中国は大混乱の時代に入っている。どうして大混乱の時代に突入したのか。中国のバブルがついに大爆発を起こしたからである。

八百長経済学仮説──35

大いなる物語は高度の成長率とインフレを同時進行でもたらす。それは限りなき成長という、膨張と熱狂の中でバブルを発生させる。バブルはいつの日か裂けて割れる。正常と思われたことが異常となる。バブルの演出者たちは、歴史における危機を演出し、大いなる物語を悲劇へと導く。バブルこそは、八百長の華《はな》である。バブルの演出者たちにとって、バブルこそ世界＝経済を支配する最高の手段である。

「日本経済新聞」(二〇一二年七月六日付)から引用する。「中国成長率8%割れ　景気減速一段と鮮明、年後半は回復へ」

中国の2012年4~6月期の国内総生産(GDP)実質成長率は3年ぶりに8%を割り込む見通しになった。日本経済新聞社と日経QUICKニュース(NQN)が共同で、中国経済を専門とする有力エコノミストを対象に調査、予想をまとめた。景気減速に対応し、中国人民銀行は5日、6月に続く利下げに踏み切った。調査では12年通年の成長率見通しの引き下げも相次いだが、金融緩和策の効果で8%台は確保するとの見方が大勢だ。

この記事とともに、「回答企業・エコノミスト一覧」が記されている。世界の大手銀行のエコノミストたちの名が掲載されている。

私はこの記事と一覧表を読んで、世界の大手銀行のエコノミストたちは、実に不自然な予測をたてていると思った。中国政府は、政策対応で中国経済は持ち直せると期待している。しかし、企業生産は政策対応で回復しえないところまで落ち込んでいる。

中国は労働集約型の輸出工場が多い。主要輸出先の欧米の景気低迷が原因で、衣料品、靴、玩具、雑貨などの工場の閉鎖が相次いでいる。二〇一二年七月から八月にかけて、対欧州輸出は半減する可能性が出てきた。そして、この傾向は今後もさらに続くのである。中国経済を実質的に支えてきたのは中小零細企業である。いかに中国人民銀行が金融緩和策をとろうと、民間企業に金は流れない。彼らは高利の金を地下金融から借りてくる以外にない。ヤミ金融に手を出したが返済不能となり、倒産し、自殺する経営者も後を絶たない。

中国当局や日経新聞などが発表する経済統計は、大企業中心であり、中小企業はほぼ完全に無視されている。リーマン恐慌後に四兆元という大規模な景気対策が実行され、「中国のGDPは大きく躍進した」と何の疑問もなく報じられた。だが、あの恐慌以降、中国の中小企業は確実に衰退の一途をたどっている。

「週刊エコノミスト」（二〇一二年七月一日号）に関志雄《かんしゆう》（野村資本市場研究所シニアフェロー）が次のように書いている。

金融緩和を受けて、マネーサプライ（M2＝現金と預金）は09年11月のピーク時には、前年比29・7％に急増した。それに伴う流動性の拡大はインフレと不動産価格の高騰をもたらした。消費者物価指数（CPI）で見たインフレ率（前年比）は11年7月には6・5％に、70大中都市の住宅販売価格の上昇率（同）も10年4月には12・8％に達した。

中国の不動産バブルは「二〇一〇年四月」がピークだった。「あのときが〝回光返照《かいこうへんしょう》〟だった」と中国人たちは回想する。回光返照とは、人間が臨終を迎える直前に、病状が一時的に快復することをいう。つまり、二〇一〇年四月が不動産バブルのピークで、一年後の二〇一一年七月に若干の上昇をみたのを最後に、暴落の一途をたどっている。中国では、六五〇〇万戸とも八〇〇〇万戸、あるいは一億戸ともいう空き家が出現している。銀行の不良債権が膨らみ、その額は一〇〇兆円以上ともいわれている。

二〇一二年六月、中国は金融緩和策をとるべく方向転換した。不動産バブル崩壊を必死に防止しようとしている。政策バブルを演出し、名目で八％台の経済成長を死守しようとしている。低金利政策もとり始めた。バブルがはじけるのを恐れて、新たなバブルを醸成して景気浮揚を狙っている。しかし、その新しい人工バブルも間違いなくはじける。ヨーロッパ諸国のバブルとまったく同じように、である。

今、ユーロとともに人民元が安値をつけ始めている。アメリカはこれまで人民元安相場に文句を言い続けてきた。そのアメリカでさえ、最近は人民元安に沈黙するようになった。ユーロは二〇一二年に入って対ドルで下降を続けている。元も対ドルで同様に下降しだした。

温家宝首相は二〇一二年三月の記者会見で、「人民元ルートは均衡水準に近づいた可能性がある」と語った。要するに、対ドルでの下落を公式に中国首脳が認めたのである。それは景気悪化を認めたことになる。預金準備率や銀行への貸し出し金利を引き下げることで、景気後退を防ごうということである。

中国は、ヨーロッパへの輸出をなんとか維持しなければ、中小企業が連鎖倒産するという瀬戸際まで追いつめられた。しかし、ヨーロッパへの輸出は激減している。

私は、人民元はアメリカが主張してきたように安く操作されているのでなく、本当は高く操作されていると書いてきた。これからじわじわと、その事実がはっきりと証明されるだろう。人民元はユーロと同じように、安くなっていく。激しいインフレが中国国民を襲い、物価はさらに高騰していく。そして、数百万件におよぶ暴動が中国全土で発生する。中国政府と人民解放軍は、国民に「銃口を向ける」という最悪の行動に出る。これは、予測でも予言でもない。二〇一二年の今、起こりつつある現実である。

次章ではヨーロッパについて書くが、あのリーマン恐慌は完全なる八百長恐慌であった。それは、アメリカとヨーロッパを襲っただけではない。中国にも襲来したのである。中国は、米欧とは異なるバブルを実行したのである。その中国のバブルを演出したのは、ゴールドマン・サックスと、その親会社であるＨＳＢＣ（香港上海銀行）であった。

ＨＳＢＣは、中国各地に、数千行にもおよぶミニ銀行をその支配下に持っている。これらのミニ銀行が、中国の中小企業群を支配している。ＨＳＢＣは、中国の四大銀行に大きな影響力を持つだけではないのである。ＨＳＢＣは中国の黒社会（暴力団）に資金を渡し、暴利を貪っている。

子会社ゴールドマン・サックスが二〇一〇年に中国から撤退し、多くの投資集団が中国市場を捨てた今、HSBCが唯一、中国に留まっている。リーマン恐慌の演出の主役もHSBCだった。そして、ヨーロッパの恐慌も同じように主役はHSBCであった。HSBCは、ロスチャイルド、サッスーンのユダヤ財閥が支配する。このユダヤ財閥がドイツ銀行も支配下に置いている。リーマン恐慌にはイギリスのバークレイズというユダヤ系の銀行も加わった。もう一つ、スイスのUBSも加わった。このUBSは、ロスチャイルドと並ぶウォーバーグというユダヤ財閥の支配下にある。

ここまで書くと、世界=経済がどのようになっていくのかの推測がほぼ理解できるであろう。

第八章■国家の死、ヨーロッパ危機の始まり

リーマン恐慌がヨーロッパを襲った

二〇〇八年九月十五日、リーマン・ブラザーズが破綻した。その衝撃は大西洋をはさんだ対岸のヨーロッパを襲い、不況のどん底につき落とすことになった。リーマン破綻後一〇日を経て、ドイツ財務相のペール・シュタインブリュクは「アメリカは、世界金融システムの超大国の地位を失った」と演説した。また、フランス大統領のサルコジは「市場が常に正しいなんて、狂った考えだ」と語った。

ドイツもフランスも、リーマンの破綻がヨーロッパを不安に陥れ、危機に振りまわされるとは夢にも思わなかったにちがいない。しかし、サブプライムローン債券をアメリカのみならず、世界中に売りまくったのは、HSBC、UBS、ドイツ銀行などのヨーロッパ系の銀行であった。このことを私は拙著『八百長恐慌!』の中で詳述した。

サブプライムローンを組んで住宅を購入したのはアメリカの貧困層だけではなかった。二〇〇二年以降、スペインとイギリスでも住宅ブームが起きた。当時、ドイツ経済は低迷していた。欧州中央銀行(ECB)はアメリカ、日本と同様に低金利政策をとっていた。この低金利のマネーがスペインに流れ、過熱化し、住宅ブームとなった。また、イギリスでは、オイルマネーがロンドン・シティを通じて世界中に流れていった。シティのマネーの一部がイギリスの住宅ブームを生んだ。

アメリカだけがサブプライム債券を買っていたのではなかったのである。ヨーロッパがその債券の半分近くを買っていたのである。二〇一二年になってもヨーロッパの銀行が倒産の危機にあるのは、五〇〇兆円規模といわれるサブプライムローンの不良債権の処理ができていないからである。しかし、それ以上にヨーロッパを危うくしているのは「PIIGS《ピッグス》」といわれる国々（ポルトガル《P》、イタリア《I》、アイルランド《I》、ギリシャ《G》、スペイン《S》）の財政破綻が目前に迫っていることである。

八百長経済学仮説——36

金融緩和策をとれば需要が増大する。金利を下げれば需要に火をつけて資産が資産を呼び、バブルを演出する。住宅バブルはどうして発生したのか。住宅ローンを組んでも住宅価値が上がれば利益が生まれる。これは一種の新自由主義、すなわち市場原理主義である。この市場原理主義を支えたのが金融緩和のマネーである。バブルがはじけると住宅価値も下落し、銀行間取引市場の機能停止が起きる。そこで国家が銀行に資金を入れる。国家と銀行と国民が同時に財政危機に陥るのである。どうして中央銀行は金融緩和策をとり、バブルを演出したのかを追究せねばならない。

一九九二年二月、マーストリヒト条約の締結によって、ヨーロッパは政治統合なしに通貨統合をした。ユーロには共通の中央銀行はあるけれども、共通の財務省はない。各国はユーロを使えるけれども、独自でユーロを発行しえない。ここで「信用」というものが問題となってくる。欧州中央銀行（ＥＣＢ）は各国に通貨を発行させない代わりに、国債を独自に発行することを認めた。ＥＣＢは窓口貸出の担保として、国債を同じ条件で受け入れた。

ここにヨーロッパ債務危機の最大の原因がある。すなわち、経済強国ドイツも、弱小国ギリシャも同じ金利で国債を発行できるようになった。ヨーロッパの銀行は、各国の国債を大量に保有するようになった。

ヨーロッパ諸国は国債を大量に発行し、国家事業に投資したり、社会福祉などにユーロ通貨を使いだした。そして二〇〇八年九月十五日にリーマン恐慌が発生し、スペイン、ギリシャ、ポルトガル、アイルランド、イタリアの国々の財政悪化がその姿を見せた。大量の国債が発行されていることが判明した。

ここで問題が残る。ＥＣＢはどうして、ＰＩＩＧＳの国々がマーストリヒト条約で定められている上限（ＧＤＰの三％）を上回る財政赤字を出し続けているのに、窓口貸出の担保としてＰ

ＩＩＧＳ諸国の国債を同じ条件で受け入れたのか、という疑問だ。ギリシャもスペインも、ドイツとほぼ同じ金利で国債をどうして発行しえたのか、という疑問だ。

私はこの点に、何か八百長的な工作を感じるのである。それは、特別な企《たくら》みがユーロ誕生の物語に隠されているのではないのか、ということである。ただ、経済上便利であるからというだけで、政治上の問題を何ひとつ解決することなくユーロ通貨が誕生した。ヨーロッパ危機が遠からずやってくることは予想されたことではなかったのか。

欧州連合（ＥＵ）は欧州憲法条約を作ろうとした。一種の政治的な動きであった。この構想に対してオランダが国民投票で反対の意を表明した。ヨーロッパは一枚岩ではないのである。浜矩子が「毎日新聞」（二〇一一年十一月二日付）のコラム「時代の風」の中で次のように書いている。

財政危機の大旋風が吹き荒れる中、もはや、欧州のどこをみても、確信をもって「無事だ。安全だ」と言い切れる国はなさそうである。誰もが、破滅の襲来の恐怖とともに生きている。引くと思えばまた寄せる財政危機の大波は、どうも、寄せるたびに欧州中心部の高台に接近する雰囲気がある。元来、中心部の高台は災害知らずの安全地帯であるはずだ。だが、ここに来て、本当に大丈夫かという思いがつのる。

「中心部の高台」とはドイツのことを指す。浜矩子はまた、次のようにも書いている。「大きな危機は、必ず周辺部から中心部に向かって裂け目を切り開いていく」

私は次章で、どうしてドイツまでもが危機的な状況に陥ったのかについて書く。そのためには二〇〇九年から二〇一〇年にかけてのＰＩＩＧＳ諸国の動きを見なければならない。もう一度、私は疑問点について書いて次項に移る。

「どうして、欧州中央銀行はＰＩＩＧＳ諸国に国債の乱発をいつまでも認め続けたのか？」

欧州中央銀行がスペインに仕掛けた金融の罠

スペインでは、リーマン恐慌の影響を受けてバブルがはじけた。そして大量の失業者が町に溢れることになった。

スペイン経済は一九九〇年代後半から、他のＥＵ諸国を大幅に上回る成長を続けていた。二〇〇八年までは三〜四％の成長率を達成していた。この成長を支えたのは建設・不動産部門だった。スペインの地に別荘を求めようとするヨーロッパの中流・上流階級の連中が、空前の建築ラッシュを生んだといっていい。アメリカの住宅建設のピークは二〇〇七年であった。同時にスペインでも、二〇〇七年の後半には建設のピークが終わり、バブルがはじけた。二〇〇八年に入ると、経済成長率は一・二％となった。二〇〇九年以降はマイナス成長となっていくのである。多くの町で、売れ残りのマンションの窓の多くはシャッターが降りたままとなった。ゴーストタウンが出現した。

スペインの主要産品はオリーブの実だった。若者たちはオリーブ畑で働くことをやめて、建設現場に向かった。しかし、建設需要が冷え込むと失職し、一部は農業に帰っていった。だがそこはすでに、移民たちの働く場と化していた。若者たちは仕事にあぶれてしまった。

二〇〇九年に入ると失業率は一五％に迫り、失業者数も三三〇万人となった。二〇一〇年に入ると、スペインはより経済危機がはっきりしてきた。四月二十九日、欧州市場でスペイン国債（一〇年物）の利回り（金利）は約四％、ポルトガル国債の利回りは約六％となった。格付け会社S&Pは、スペインの格付けを日本と同じ、「AA」に引き下げた。失業率は二〇・〇五％となった。国債利回りが上昇したので財政再建はより難しくなった。

「朝日新聞」（二〇一〇年六月十日付）から引用する。

SF小説のようにある日突然、街から住民が消え去ってしまったら、こんな風景になるのではないか。そう思わせるのが、スペインのマドリード郊外にあるセセーニャの宅地開発地域だ。マンション群に、人の姿はほとんどない。

「うちの棟は120室あるが住んでいるのは30家族。もっと入ってもらわないと困るんだけど」と住民の男性（64）はいう。無人の棟も目立つ。

スペインのあちこちに見られる住宅バブルの残骸の一つだ。2003年ごろから住宅建設が引っ張る好景気が続き、08年の金融危機ではじけた。金融機関は今、その後遺症に苦しんでいる。

不動産関連の融資をしてきたのが、「カハス」と呼ばれる貯蓄銀行群である。これらの貯蓄銀行は不良債権を抱えて破綻状態となった。スペイン中央銀行は不良債権が露見しないように、融資期間を延ばして貸し続けている。

なぜ、スペインは苦境に陥ったのか。欧州中央銀行（ＥＣＢ）が低めの金利で国家や銀行に資金を貸し続けたからだ。一方でインフレ率が高まっていった。そこで、実質的にはゼロ金利かマイナス金利になった。「カネを借りたほうが得だ」という風潮がスペイン人たちの間で広まり、住宅バブルの発生となった。貯蓄銀行カハスだけでは貸し出す資金が間に合わなかった。こうしてドイツとフランスの銀行からの借り入れが、二〇〇三年から急激に増え始めたのである。ドイツからは二四〇〇億ドル、フランスが二二〇〇億ドルとそれに続いた。

ドイツとフランスの銀行がスペインの銀行にマネーを貸し、スペインの銀行が住宅ローンを組む人々にそのマネーを貸すという構図である。

八百長経済学仮説――37

バブルは偶然には発生しない。そこには、バブルを発生させようとする確たる意志を持つ人々が存在している。そのバブルを演出した人々は大量のマネーを市場に流す。バブルがピークに達したとき、彼らは大いなる利益を上げている。だからバブルを故意に破裂させる。バブルに躍った銀行も住宅ローンを組んだ連中も高利のマネーを借りて生きていくしかなくなる。ECBはすべてを見通して、アメリカのFRBとともに金融システムを動かしている。アメリカのバブル崩壊もヨーロッパの金融危機も演出されたものである。

スペインはECBが仕掛けた罠《わな》に落ちたのである。ドイツの銀行がスペインに貸した二四〇〇億ドル（当時で約二〇兆円）は、ドイツの国内総生産（GDP）の七％にあたる。また、フランスがスペインに貸した二二〇〇億ドルはフランスのGDPの八％にあたる。ドイツとフランスの銀行はギリシャや他のPIIGS諸国にもマネーを貸し付けていた。私は邪悪な連中がいて、スペインという小国にこれだけのマネーを貸したドイツとフランスの銀行を、実質的に支配していると思っている。

スペインの首都マドリードの北部に「マドリード国際会議場」の大きな看板が掲げられている。基礎工事で深く掘り下げられたままの状態となっている。経済危機の影響で二〇〇〇年五月に、施行主のマドリード市が建設を中断した。スペインは二〇〇九年、国内破産（個人・法人）が約六〇〇〇件と、二〇〇八年の約三〇〇〇件から倍増した。

二〇〇七年、スペインの住宅建設戸数は七〇万戸で、同年のイギリス、フランス、ドイツの合計をも超えた。それが二〇〇九年には一五万戸と激減した。二〇〇七年には八％だった失業率が二〇％となった。税収も減り続け、金融機関の不良債権のみが増え続けている。

二〇一〇年六月八日、スペイン政府の財政緊縮策に抗議する初めての大規模ストがあった。財政緊縮法案が五月末に下院で可決され、公務員の給与が平均で五％カットされることになった。このスト決行で市場での信用不安が一気に広がった。スペインの人々は危機に対処する方法を見いだせなかった。否、危機がそこまで迫っているとは露ほども知らなかったのである。

スペインの大手銀行が倒産の危機を迎えるのは二〇一一年に入ってからである。二〇〇九年のうちに、遅くとも二〇一〇年のうちに手を打っていれば、スペインという国家は救われたであろう。

章を改めて、二〇一一年以降のスペインを書くことにする。スペインを襲ったバブルの嵐は偶然ではなく、悪意ある必然であったことは間違いない。二〇〇七年、スペインの住宅建設戸数がイギリス、フランス、ドイツの合計を上回ったことは、そこに悪意ある必然が存在した証しではなかろうか。

ポルトガルについては記さない。隣国スペインと同じような運命をたどっているとだけ記しておく。

地獄に落ちていくギリシャに解決策はすでにない

ギリシャの悲劇のすべては二〇〇九年十月に中道左派政権が発足したときに始まった。この政権が財政赤字の規模を上方修正したことから火がついた。新しい予測値では、二〇〇九年の財政赤字は国内総生産（GDP）の一二％超に達するということになった。

ギリシャのヨルゴス・パパンドレウ首相は二〇〇九年十二月十一日、ロイター通信に「四年間で財政赤字を大幅に圧縮する」と述べ、緊縮財政に着手する方針を表明した。しかし、ギリシャという国に緊縮財政は似合わなかった。

八百長経済学仮説――38

国家や国民が他国から返せないほどの金を借りて、束の間の繁栄に酔えば、夢のような未来が現実となってやってくる。しかし、その未来は本物の未来ではない。借入金は本物の繁栄を創り出さない。借金をしての繁栄を願う国民に緊縮策は反発を買うだけである。借金を続ければ、そこにはいつも危機が生まれ、その危機は再燃し、次から次へと新しい危機が押し寄せてくる。しかし、借金だらけの国家が財政緊縮策をとれば経済はデフレ化し、失業者が増えて国家は死を迎える。国家の死を望む悪しき人々の群れがいるのではないかと思えてくる。死と再生ならぬ、死から新しい異質の国家の登場が見えてくる。国家の死を仕掛ける世界＝経済を支配せんとする怪物たちが登場してくる時が近づいたのである。

リーマン恐慌後、ギリシャの長期国債金利が跳ね上がった。それまでは〇・五％であった長期国債金利が、ドイツとの差が二％を超えることになった。金利が上昇したので、ギリシャの財政危機がついにその姿を見せてきた。

二〇〇九年十月に就任したパパンドレウ首相は「財政赤字は一二％以上だ」と発表したが、それは偽りの報告であった。ギリシャは四〇〇〇億ドルを超える負債に加えて、八〇〇〇億ドル以上の年金未払いを抱えていたのである。ギリシャでは男性は五十五歳、女性は五十歳に達すれば、重責労働という職種（六〇〇以上の職種）の人々は手厚い年金を受け取るのである。また、公務員は民間企業の三倍の給料であった。その公務員も国民の四人に一人というわけであり、彼らは民間人から賄賂を受け取ってもいた。ギリシャの人々は恒常的に税金逃れも続けていた。

それでも優雅に暮らしていけたのは二〇〇一年にユーロを導入したからであった。ドイツとほぼ同じ金利で国債を発行できたからである。

しかし、リーマン恐慌がギリシャ全土を襲った。国債の金利がひたひたと上昇していった。しかも、その国債が売れなくなった。

二〇〇八年十二月、若者の失業者たちを中心にギリシャ全土で暴動が拡大した。政権への抗議行動に参加した十五歳の少年が警官の発砲で死亡した。この事件がきっかけとなり、多数の商店や銀行が破壊された。

アナーキスト（無政府主義者）と呼ばれる若者たちがバブル前後の二十世紀末から増えていた。彼ら約五〇〇〇人の若者たちが暴動の中心だった。アナーキストの大半は失業者であって、就職できないまま大学に学籍だけ残している若者たちだ。そこにユーロが二〇〇一年に導入された。マネーが溢れたが、仕事はない。インフレは加熱した。物価が上がり続けた。既得権を有する人々と年金を受け取る人々だけは優雅に暮らしていける。しかし、若者たちには仕事がない。ギリシャもスペイン同様、移民問題に悩んでいる。自国の若者たちの仕事を奪っていると、苦言を呈する人々も増えた。

私はここまで書いてきて思うのである。スペインもそうだが、ＥＣＢ（欧州中央銀行）に巣喰う、否、ＥＣＢを支配する世界＝経済を支配せんとする怪物たちの配下の者たちが、故意にギリシャ危機を演出したのではないのか、と。

欧州連合（EU）が二〇一〇年一月二十八日にギリシャの救済を検討し始めたのが最初であった。当時、欧州市場の指標となるドイツ国債（一〇年物）とギリシャ国債の金利差が、四ポイント以上に拡大していた。もし、ギリシャが債務不履行（デフォルト）に追い込まれれば、ユーロの国際的な信認にも影響するとの懸念の高まりが背景にあった。

欧州連合は二〇一〇年二月十一日、ギリシャ支援策で合意した。ギリシャのパパンドレウ首

ギリシャ全土で反緊縮デモの嵐が吹き荒れた

相は財政改革案を発表した。公務員の給与を引き下げる、社会保障改革に着手する、アルコール・たばこ税を二〇%引き上げる、年金支給年齢を二歳引き上げて六十三歳とする……。若者たちはこの財政改革案に反対の声を上げた。公務員も一斉ストを行なった。「卒業証書はトイレットペーパーと同じ」といわれるほどに失業率が高まっていった。増税どころか、財政出動を求める声も強まった。この混乱ぶりに、「他の赤字国よりギリシャは深刻である」との見方が世界中に広まっていった。

二〇一〇年は世界経済に危機感が増大した年となった。小国ギリシャの財政危機が発端であった。ついに二月二十四日、ギリシャ全土で、給与凍結、増税などの政府の緊縮案に反対して、官民の二大労組連合組織による二十四時間ストが行なわれた。空港、鉄道、病院、学校、銀行などが一斉に休止した。放送局や新聞社もストに参加した。このストがドイツ国民の間に衝撃を与えた。財政赤字を抱えたギリシャが、ドイツ非難の声を上げだしたからであった。

両国の対立の発端は、二月二十二日発売のドイツの有力週刊誌「フォークス」が、ギリシャ国旗を腰に巻いた古代の彫刻「ミロのビーナス」が中指を立てて挑発する合成写真に「ユーロファミリーのペテン師」という見出しを付けて表紙に掲載したことだった。一方、ギリシャの日刊紙「エレフセロス・ティポス」は、ベルリンの戦時記念塔の頂上に立つ金色の勝利の女神像「ビクトリア」の手に、ナチスの鉤十字《ハーケンクロイツ》を持たせた合成写真を掲載した。ここに、ドイツとギリシャの中傷合戦が始まった。

ギリシャはスペインの五分の一ほどの経済規模の国家である。その小国を、ドイツやフランスが救済処置することになった。この処置は二〇一一年になっても、二〇一二年になっても続いている。

ギリシャはかくも、救いようのない国なのである。財政緊縮策をとろうにも、ギリシャ国民は納得しない。「借りた金は返さない」という、国家と国民の一致した考えが国全体の隅々にまで及んでいる。

ギリシャ危機はどんなに支援を受けても収まらない。二〇〇九年の政府債務残高はGDP比で一一五・一%。二〇一〇年四月の時点ではそれ以上の比率となった。ギリシャは「粉飾財政」を重ねている。同年四月に短期国債の発行で調達した一五億六〇〇〇万ユーロのほぼ半分は、年金給付の支払いで消えてしまった。ついにギリシャは国際通貨基金（IMF）などへの支援要請に踏み切った。

この小さな国に巨大な政府が存在する。総人口一一二〇万人に公務員が一〇〇万人いる。労働人口の二五%を占めている。学生たちは公務員になろうとする。一九七四年に軍事政権が崩壊して以降、右派と左派の政権が交代するたびに次々と公務員が増えていった。だが、公務員王国もついに崩壊した。政府が彼らに払う給料が底をついたからである。

それでも、この国の人々は「国家の倒産」という現実に目を向けられないでいる。財政再建には歳出削減と税収増が欠かせない。しかし、国民は「スト」で応じている。ギリシャは長く苦しい時代に入った。宴が終わったのに、まだ、宴の夢から醒めていないのである。

ゴールドマン・サックスについて書くことにしよう。二〇〇一年、ギリシャはユーロ圏に入ろうとしていた。この計画をギリシャに持ちかけたのはゴールドマン・サックスであった。債務の実情を隠すための指南もした。

マイケル・ルイスの『ブーメラン 欧州から恐慌が返ってくる』（二〇一二年）から引用する。

ギリシャが意のままに金を借り、使えるようになったからくりは、アメリカでサブプライム債務者の信用がロンダリングされたからくりとよく似ている。そのからくりの中でアメリカの投資銀行〔引用者注：ゴールドマン・サックスを指す〕が果たした役割も同じだ。投資銀行はさらに、ギリシャ政府高官に対して、宝くじ収益や高速道路料金、空港税、そしてEUからの資金援助までも証券化するよう勧めた。将来見込まれる収益がことごとく先行して現金に替えられ、食いつぶされてしまった。少しでも頭の働く人間なら、ギリシャが財政状態を粉飾し続けられるのは、せいぜい（a）貸し手が対ギリシャ融資の安全性はEU（ドイツと読み替えてもいい）によって保証されると考えるあいだ、もしくは（b）ギリシャ国外の誰かに見とがめられるまで、であることがわかるはずだ。ギリシャ国内から告発の声があがる気遣いはなかった。基本的に全員がぐるだったからだ。

この文章を読むと、ゴールドマン・サックスがいかにギリシャという国家を喰い物にしていたかが分かるのである。

二〇〇一年からバブルが本格化する。ゴールドマン・サックスは親会社HSBCと組み、バブルを仕掛ける。この仕掛けにバークレイズ、UBS、そしてドイツ銀行というユダヤ系の銀行が加わる。アメリカのみならず、ヨーロッパをも巻き込んでバブルは大規模に仕掛けられたのである。スペインは建設バブルを仕掛けられた。ギリシャは借金漬けにさせられた。宴はかくて始まり、かくて終わったのである。

一つだけ付記しておきたい。ゴールドマン・サックスは、ギリシャが国家として倒産するとの見通しを立てた。そこでジョンソン&カンパニーというヘッジファンドに、倒産を保証するCDSを掛けさせ、大儲けしたのである。ギリシャ人たちが共有財産を食いつぶしても私利私欲を追求する哀れな存在であることをゴールドマン・サックスは知り尽くしていて、大儲けして逃げた。マイケル・ルイスは次のように書いている。

「ギリシャ政府が国民生活の再構築に向けて、少なくとも努力する決意を固めたことは間違いない」

ひとたび失われた国民生活を再構築することは、果たして可能だろうか。

アイルランドの世にも不思議な沈黙

アイルランドは不思議な国である。ギリシャは連日デモがあり騒々しい国だが、アイルランドの人々は苦境の中で耐え続けている。アイルランド、かつて「ケルトの虎」と呼ばれるほどの経済成長を成し遂げた国にも、あの二〇〇八年九月十五日のリーマン恐慌の後に極端な不況が襲ってきたのである。

アイルランドは人口が三二〇万人しかいない小国である。イギリスから長く迫害を受け続けた歴史を持つ。この国に不思議なことが起こったのは二十世紀も終わり頃である。アイルランドの三つの銀行（アングロ・アイリッシュ銀行、アイルランド銀行、アライド・アイリッシュ銀行）に、大量のマネーが奔流のごとく入ってきたのだ。このマネーを三つの銀行はアイルランドの人々のために使おうとした。スペイン同様に、建築ブームが人口三二〇万人の小国に沸き起こったのであった。

すぐさま失業率は下がった。建設業に若者たちが進出した。海外から、特にポーランドから多くの人々が出稼ぎにやってきた。マネー、それがギリシャのようにいくらでも入ってきたのである。

ギリシャでは国家が、国債でマネーを調達して国民にばら撒いたが、アイルランドは違っていた。三つの銀行が海外のマネーを無制限で受け入れたのである。ギリシャやスペインと同様、ドイツとフランスの銀行、そしてドイツの投資ファンドからの資金であった。そしてまた、ここでもゴールドマン・サックスが暗躍した。

この構図を見ると、全ヨーロッパに、ドイツとフランスの銀行、そしてゴールドマン・サックスの連中がアメリカ同様のバブルを〝輸出〟したことが分かるのである。

リーマン恐慌の後、資金の流入が止まったアイルランドの三つの銀行は株価も下がり、倒産の瀬戸際に追い込まれた。これもまた、スペインと似ていた。アイルランドの人々は政府系機関のローンをほとんど組まず、直接銀行から資金を借りて家を建てていた。その金の支払いができなくなった。不動産屋もマネーの回収ができなくなった。三つの銀行はリーマン恐慌後すぐに倒産寸前になった。

ここでまたしても、世にも不思議なことが起こったのである。アイルランド政府が三つの銀行の負債の一切を引き受けたのである。アイルランドの人々は銀行から遠ざかった。アイルランド政府はＥＣＢ（欧州中央銀行）からマネーを借りて三つの銀行を救済するのである。アングロ・アイリッシュ銀行だけで三四〇億ユーロの損失が出たといわれる。これだけの銀行の損失、しかもその損失を政府が保証するというのに国民は平静なのであった。

リーマン恐慌直後から新聞は連日のごとくギリシャ国民の反乱を報道していた。私は新聞のスクラップをチェックしてもアイルランドの人々の動きがまったく見えてこない。「朝日新聞」（二〇〇九年四月二十三日付）のギリシャについて書かれた記事の中に少しだけ、アイルランド関係の記事を発見した。

同じように欧州委員会から強い圧力を受け、すでに答えを出したのがアイルランドだ。7日に提出した予算には、所得や利子、中古車売却まで課税強化がずらり。支出削減では、失業手当や育児手当まで対象になった。

欧州連合（ＥＵ）の機能を強化する新基本条約（リスボン条約）の批准をアイルランドは拒否していた。それが一転して二〇〇九年十月三日の再度の国民投票で批准を受け入れた。ＥＵへの警戒を解かざるをえなくなった。リーマン恐慌前は四％だった失業率も一三％となった。仕事がなくなったのである。

「朝日新聞」（二〇〇九年十月四日付）から引用する。

欧州で最貧国の一つだった同国は、70年代から安い労働力、低い法人税などを生かして海外企業の誘致を進め、急速な経済成長を達成した。その好況が続くなかで実施されたのが昨年の国民投票で、国民は「ＮＯ」を突きつけた。

リムリック大学経済学部のヘレナ・レンハン上級講師は「EUの一員だからこそ得た恩恵なのに、独力で成長を遂げたと過信し、『EU強化は邪魔』という思い上がりがあった」と分析する。

ただ、同国が賛成一色なわけではない。ダブリンの投票所でそろって反対票を投じた20代のカップルは「EUが大事にするのは銀行や大企業。我々労働者ではない」と話し、EUを身近に感じていないことをうかがわせた。

この記事中に、「七〇年代から安い労働力、低い法人税などを生かして海外企業の誘致を進め、急速な経済成長を達成した」とあるのは明らかな誤りである。

一九七〇年代、アイルランドは三二〇万人しかいない人口のうち一〇〇万人が貧困層だった。海外企業、外国銀行のグループがアイルランドに積極的に進出してきたのは、バブル期である。アイルランドは海外企業を誘致してはいない。ただただマネーが入ってきたので、そのマネーで建築ブームが起きたにすぎないのである。

私は邪悪なる金融集団がスペインやギリシャ同様、アイルランドというヨーロッパの最貧国にマネーを集中的に流し込み、国家そのものを破綻させようと企んだとみている。しかし、この最貧国の人々は、その策謀に一時は乗ったが、じっと我慢の時をすごしている。間違いなくアイルランドは再生する。すべては国民性によるのである。しかし、ギリシャとスペインは過去に栄華の時代を持つ民族である。彼らは宴をしつつ衰亡していく。そして、ヨーロッパの癌《がん》細胞となりさらに増殖して全ヨーロッパを滅亡させる。それを知りつつ、EUとECBに巣喰う邪悪なる人々が見事に芝居を演じている。

リスボン条約はEU大統領と外相を決定し、政治統合を作る目的でできた。しかし、この条約によりEU大統領も誕生したが、ヨーロッパ危機に対し、ほとんど力を発揮できていない。アイルランドの国民ほどの力を持たない。アイルランドは一時の夢を捨て、またもやヨーロッパの最貧国となった。しかし、貧しさに耐えるという最高の力を国民は持っている。そこにアイルランドの輝かしい未来がある。

八百長経済学仮説——39

この世はすべて、狂騒の絶頂期は短い。それゆえこれを演出する者たちは、バーチャルな夢を現実の夢のごとくに売りつける。不況風を吹かし、デフレを悪とし、インフレを善とする悪徳の輩《やから》たちがグルになって、供給と需要のバランスを壊し、マネーを垂れ流す。貧しさの中に美徳を見いだすべき時が来ているのだ。

第九章■ヨーロッパ経済、ついに破滅の物語

イタリア狂騒曲、「ローマは燃えているか」

まさかイタリアに財政危機が訪れようとは、二〇一〇年まではイタリア国民は夢にも思わなかった。しかし、世界はイタリアを「財政破綻予備軍」と考えていたのである。二〇一一年に入ると、イタリアが巨額の財政赤字を抱えていることが知られるようになった。政府は財政再建のため、二年間で二四〇億ユーロ（当時の換算で約二兆七〇〇〇億円）の歳出を削る方針を打ち出した。教育予算を二割近くの八〇億ユーロも削減すると発表すると、ローマで学生たちが抗議デモをした。

ギリシャ、そしてスペインと、債務汚染がイタリアを直接攻撃するのにそれほどの時間はかからなかった。二〇一一年七月に入ると、イタリア国債の利回り（金利）が上昇しだした。ドイツ国債との差が一時は三％も広がった。ギリシャやスペインと同様にイタリアも、ユーロ発足後一〇年の間に低金利の国債を大量に発行して宴の時を享受し続けた。しかし、それは持続可能なものではなかった。急に市場がイタリア危機に不安の声を上げだした。

ローマは燃えているのか。ローマの人々はこの危機を知っているのか。浮かれたままではないのか。イタリアの公的債務残高はＧＤＰの一二〇％にあたる一兆九〇〇〇億ユーロ（当時約二一〇兆円）であることが分かった。七月十二日、イタリア首相シルヴィオ・ベルルスコーニは「トレモンティ財務相は自分だけが頭が良いと思っている。閣内で一人だけチームプレーができない」と自分の政権の財務相を非難した。

イタリア狂騒曲の始まりであった。ローマは燃えているのに、首相や政治家たちは責任のなすり合いをし、一般市民はバイオリンを奏でていた。この日、イタリア国債は一〇年債の利回りが一時、一九九七年以来となる六％の大台を突破した。

ベルルスコーニ政権は九月十四日、五四〇億ユーロ（当時約五兆六〇〇〇億円）規模の緊縮策を議会で可決させた。市場での国債や株価の下落は食い止められた。しかし、消費が冷え込みだした。景気低迷、成長率鈍化の道をたどっていくのである。

イタリアの危機が南欧、すなわち「遅れた地中海圏」という差別用語を生んだのである。イタリア、スペイン、ギリシャ、ポルトガルの南欧諸国の人々は、「危機の原因は、ドイツ、フランスが輸出で稼いで儲けすぎたからであり、南欧はその犠牲になったのだ」と主張しだした。ドイツ国民は南欧の切り捨てを求め始めた。ドイツ、フランス、ベネルクス諸国、スロバキアなどのドイツ経済圏が主体となって、新通貨「新ユーロ」（ニューロ）を作ろうとする動きが見えてきた。

イタリアの最大の欠点は、実質経済成長率がゼロ％台か、せいぜい一％強というその低さにある。実質経済を支える企業では従業員の解雇が不可能に近く、労働組合が強すぎる点にあるとする声が強い。イタリアの基幹産業の繊維業界は二〇〇一年をピークに、新興国の台頭で競争力の低下が明らかとなった。ベルルスコーニ首相は長びく女性スキャンダル問題も抱えていた。

十一月に入ると、イタリア一〇年物国債の金利が危険水域とされる七％台に上昇した。このことは、イタリア国債だけに留まらなかった。世界中の主要銀行の株価まで下落しだした。イタリア人はようやく自分たちが借金漬けになっていることに気づき始めた。借金の上にアグラをかく「架空の経済」で繁栄した国家であることを。巨額の債務の半分が国外の金融機関からのものであることに気づき始めた。

八百長経済学仮説――40

国債は国家と国民の借金である。国債を発行し、自国民がたとえ、その国債を買ったとしても、国家と国民の借金が増えるだけである。まして、他国の者が自国の国債を持つことは、他国の都合のいいように操られることを意味する。世界の危機はマネーの増刷と国債の発行増から生まれる。インフレはバブルを生み、やがて破裂し、仮空の経済が現実化するとき地獄を創造する。世界＝経済の実相をしっかりと認識しないといけない。

イタリアはどうして借金だらけの国家となってしまったのか。国債を発行しすぎたからである。市場第一主義に答えを求めすぎたからである。成長神話が終わりを迎えようとしているのに、成長にしがみついたからである。

市場の不安を払拭《ふっしょく》するために世界中の銀行がイタリア国債の売却を加速しだした。本来は買い手のはずの銀行が売り手に回ったので、国債価格は一段と下落、金利は上昇していった。銀行も、国債を売れば売るほど損失が膨らむという悪循環に陥っていった。

「週刊文春」（二〇一一年十一月三日号）に、斎藤史朗が「滅びゆく国の『怒号』と『悲鳴』と」というルポを書いている。

ローマの玄関口、テルミニ駅近くのホテルフロントで働く黒人青年が嘆く。

ここでも人々の怒りは湧き上がりつつある。十五日土曜日に共和国広場から始まったデモは、フェイスブックなどを通じて人々が自然発生的に連携した反資本主義組織「インディグナドス」の勢力を中心に大規模化。イタリアのブラックブロックたちが加わり、通りの銀行や商店を破壊し、街に停められている車に放火する暴動に発展した。

アメリカの「ウォール街を占拠せよ」（ＯＷＳ）の青年たちとはまったく異質のマフィアたち

の姿がここには見える。イタリア政府とローマ・カトリックまでがマフィア化している。ローマ市中には泥棒が横行している。イタリア政府は発注事業に対する支払いの「滞納」をあちらこちらで起こしている。

外国銀行でイタリアの国債を一番多く持っているのは（二〇一〇年末現在）、ＢＮＰパリバ（フランス）の二四一億ユーロ（四四％）、次にクレディ・アグリコル（フランス）で一〇一億ユーロ。フランスの銀行のＣＤＳ（債務不履行に備えた保険）の価格が上昇した。フランスはＣＤＳから判断すると、格付けはすでに上から九番目の「Ｂａａ２」まで下降している。二〇一二年一月に、フランスの国債格付けがトリプルＡから陥落することになったのは当然であった。ギリシャとイタリア、そしてスペインのデフォルトを避けるはずの包括対策がドイツとフランスの危機へとつながり、ユーロを無秩序に破壊しようとしている。

イタリアは二〇一一年十一月に入り、ＩＭＦとＥＵの監視を受け入れた。ＩＭＦに頼らなければ、国の財政への信用が得られないという異例の事態となった。

英「フィナンシャル・タイムズ」（二〇一一年十一月八日付）の「導入10年、欠陥が露呈　ユーロ圏脱退考える時」を引用する。

欧州の首脳たちは統一通貨ユーロが永遠に存在し続けると何度も宣言してきた。しかし、ユーロ救済を繰り返し叫んでいると、かえって混乱を表してしまう。

ユーロは欧州中の経済を繁栄させ政治を調和させるための道具だ。だが、ユーロはそうした目的とは全く逆方向に機能している。今こそ、ユーロをいかに救うかではなく、いかに廃止するか、あるいは少なくとも最も弱い参加国をいかに脱退させるかを考える時だ。

ユーロが導入されて約10年が経過し、我々は経済発展段階も政治文化も異なる国が参加する統一通貨圏には本来的に欠陥があることを発見した。

ユーロ・システムの欠陥が明らかとなった。しかし、ユーロを守り通そうとするところに問題の深刻さがある。

ＩＭＦの監視下に入ることになり、市場でのイタリアの信用度は下降し続けた。ついにベルルスコーニ首相が十一月八日、辞意を表明した。しかし、イタリア国債一〇年物は欧州債券市場で急落し、七％台をつけた。「イタリア・ショック」が世界の株式市場を襲った。ベルルスコーニ首相は退陣し、新首相に経済学者で元欧州委員会委員のマリオ・モンティが就いた。「朝日新聞」(二〇一一年十二月十九日付)の記事、「イタリア不満充満」のほんの一部を引用する。

15日、モンティ首相やベルルスコーニ前首相らに宛てた銃弾入り封筒10通が南部カラブリア州の郵便集配センターで見つかり、押収された。極左組織を名乗る殺害予告が入っていた。同様の封筒は12日にもローマ市長らに送られていた。

またローマの徴税公社本部では9日、極左テロ組織「FAI」が送った封筒が爆発し、事務総長が手と目に重傷を負った。

二〇一二年に入ってもイタリア危機は続いている。ECBはEUの銀行を救うべく、ユーロを注入し続けている。

イタリア政府は四月二日、二〇一二年二月の失業率が一月より〇・二ポイント悪化し、九・三%になったと発表した。十五歳から二十四歳の若者の失業率は〇・九ポイント悪化して三一・九%となった。

既成政党批判の波に乗って、お笑い芸人のベッペ・グリッロ（六十三歳）が率いる市民団体「五つ星運動」が、五月の地方選で「反ユーロ」などを公約に掲げて登場した。今や支持率は二大政党と並ぶほどになっている。もじゃもじゃ頭にひげ面。口を開けば政治風刺。イタリアで最も有名なお笑い芸人・グリッロが、ムッソリーニのような存在になるのかもしれない。彼は「反緊縮財政」をスローガンに掲げている。

イタリアがユーロ圏を離脱する可能性が出てきた。

ギリシャは「反緊縮」のうねりを広げた

ギリシャの第一次支援の規模は二〇一〇年五月に決まった一一〇〇億ユーロだった。二〇一二年、第二次支援は当初一〇九〇億ユーロの予定だったが、結局一三〇〇億ユーロへと拡大した。ギリシャは二〇一二年に入っても支援を受け続けないとデフォルト（債務不履行）となる。

では、ＥＵの支援策を受け続ければギリシャは救済されるのであろうか。

二〇一二年二月二十一日、ユーロ圏財務相会合では第二次ギリシャ金融支援で原則合意した。ドイツのショイプレ財務相は二月十二日、地元紙のインタビューで、「底なし沼にこれ以上金を注ぎ込んでも無駄だということに、人々は気づきはじめている」とギリシャの財政改革の遅れへの不満を表明した。

ギリシャは支援と引き換えの財政緊縮策により、最低賃金が二二％も引き下げられた。ギリシャでは意味のないことの譬《たと》えとして、「溺れる人が自分の髪の毛につかまる」という表現がある。ギリシャは歳出削減ばかりが進められている。

ＥＵなどからの第二次追加支援と引き換えにギリシャは厳しい財政再建策を受け入れた。経済成長率はリーマン恐慌後、マイナスとなった。二〇一一年はマイナス五・五％にまで落ち込んだ。ゴールが見えないマラソンのような競技をギリシャは走りだした。この緊縮財政策に対して、暴徒化した市民がアテネ市内の約五〇カ所に火を放った。失業率は二一％に達した。

では、はたしてギリシャは再建できるのであろうか。私はほぼ不可能だと思っている。

輸出を増やし、消費を節約して輸入を減らすことが大切なのに、ギリシャ人は努力しようとすらしない。過剰消費が今でも続いている。それにヨーロッパの銀行がギリシャの国債をまだ大量に保有している。ギリシャ国内の銀行も、自己資本の二〇〇％分のギリシャ国債を持っている。この国債を、銀行の自己資本規制を無視して別扱いするから巨大なバブルが発生するのである。ギリシャは世界＝経済を支配せんとする怪物たちの犠牲になるように、債務危機を仕掛けられたのである。

八百長経済学仮説――41

国債を無制限に売買できるシステムこそが、バブルを生み出した原因である。利益集団が銀行と結びつき、国債を自由に売買し、証券化したＣＤＳで国家の命運をバクチ場にしてしまった。ＦＲＢ（米連邦準備制度理事会）もＥＣＢ（欧州中央銀行）も、そのバクチ場と化した国債の取引を認めている。ヨーロッパ危機はＥＣＢの演出である。ＥＣＢはギリシャ国債で生じたＣＤＳを銀行から守るべく動いた。ＦＲ

Bがウォール街のみを救ったと同様のことをECBも行なっている。目的はただ一つ。国家とそこに住む国民を貧しい状態にしておくという大目的のためである。世界を終わらせるためにヨーロッパ危機が演出されていることを知らなければならない。

ギリシャは一八二六年から一九三二年の約一〇〇年間で五回のデフォルトを経験している。ギリシャ人はデフォルトを恐れない民族なのかもしれない。単一通貨ドラクマがユーロになったのもほんの一〇年前の話なのだ。

ギリシャ人はドイツ人を嫌っている。このことはすでに書いた。「自分たちギリシャ人も悪いが、ドイツ人も悪い」というのである。ヨーロッパの域内貿易は全体の七割に達している。ドイツの貿易の約七割がヨーロッパ域内である。ドイツの輸出を受け入れたギリシャは貿易赤字が続いている。それがギリシャを赤字国へと転落させた原因の一つでもある。

ギリシャの銀行預金が急減している。富裕層は外国の口座へ資金を移し、一般庶民は預金を下ろして生活している。銀行は貸し渋りや貸しはがしをしている。

ユーロ圏内にとどまるべきか、ドラクマに戻るべきか、ギリシャは岐路に立っている。しかし、ギリシャの未来は暗い。改革の痛みを嫌う国民であるからだ。二〇一二年五月六日、ギリ

欧州中央銀行（ECB）はドイツ・フランクフルトのユーロ・タワーに本店を構える

シャで総選挙が行なわれた。

緊縮策を推進した二大政党に「民意の制裁」が加えられた。連立与党の新主義党（NO）と全ギリシャ社会主義運動（PASOK）がともに議席を減らし、緊縮路線に異を唱える急進左派連合（SYRIZA）が躍進した。ここに、一九七四年の軍政崩壊以来続いた二大政党制は終わった。ギリシャは多党連立時代に突入することになった。否、その多党連立さえできず、再選挙（六月十七日）となった。

こうした中で、「ギリシャのユーロ離脱」の可能性が出てきた。二〇一一年から一二年にかけて、企業倒産も急増してきた。二〇一二年五月十日、二月の失業率は二一・七％と発表された。若者の失業率は五三・八％となった。ユーロ圏に残るも地獄、去るのも地獄、ギリシャは転落を続けている。財政緊縮策への反対を掲げて五月六日の総選挙で第二党に躍進した急進左派連合のチプラス党首は「平和的な革命が起き、歴史の新しいページが開かれた。ギリシャから欧州に反緊縮のうねりを広げる」と語った。

平和的な革命が本当にギリシャに起こったのだろうか。反緊縮とは「ごね得狙い」ではないのだろうか。

なぜ、ギリシャが国家破綻の目前まで進んだのか。ドイツやフランスの銀行が、無制限にギリシャの国債を買い続けたことにあると私はみている。自国内の銀行や企業や個人のみが国債を買えるようにすれば、大きな問題が起きる可能性は低い。そのドイツとフランスの銀行にECBがユーロを大量に提供し続けている。

マネー版スペイン風邪が世界中に蔓延した

スペインについては前章で、リーマン恐慌から二〇一〇年にいたる三年間の姿について書いた。バブルがはじけて財政悪化に陥っていく様子についても書いた。その中で、ドイツとフランスの銀行がいかにスペインの住宅バブルを煽ったかについてを詳述した。

二〇一〇年のスペインの財政赤字は国内総生産（GDP）の九・二％。これはギリシャやポルトガルに匹敵する高水準であった。ギリシャに次ぐ「危機の予備軍」といわれるようになった。スペインは中国と同様に一七州の自治州があり、その自治州が抱える公的債務はGDPの約一一％に達するといわれる。それぞれの自治州がドイツやフランスの銀行からマネーを借りて住宅バブルに熱狂したからであった。

二〇一一年八月八日、ECBは国債流通市場で、イタリアとスペインの国債の買い入れに乗り出した。イタリアとスペインの国債の金利が上昇（価格は下落）したためであった。十月七日、格付け会社ムーディーズはスペインの長期国債を一年四カ月ぶりに格下げし、「AAマイナス」とした。十月十一日、格付け会社S&Pはスペインの金融最大手サンタンデールの信用格付けを「AA」から一段階落とし、他の銀行一〇行も格付けを引き下げた。

十一月十六日の欧州債券市場でスペインの国債が売られ、一〇年物国債の金利は年六・四％となった。失業率は二一・五％、若者では四六％となった。町中いたるところに失業者が溢れだした。十一月十七日、新たな借金のために発行した一〇年物国債は前日の年六・四％から六・九七五％となり、買い手も少なくなった。ヨーロッパの国債市場からマネーが逃げ出しはじめた。ドイツ国債のみが順調な金利で売買されている。

十一月二十日、スペインの総選挙があり、中道右派の国民党が勝利し、社会労働党から七年ぶりに政権が代わった。しかし、政治の世界は経済を救えない。

「朝日新聞」（二〇一一年十一月二十二日付）から引用する。

マドリードから南東へ列車で1時間半。アルバセテ市の住宅地は、人影がない新築マンションが並び、建設中のビルが放置されている。開発予定地の道路は寸断されて草にまみれる。不動産仲介業を廃業したホセ・ガルシア・タレガさん（42）は「これがバブルのてんまつさ。責任は政治家と銀行に決まっているだろ」。

２０００年代半ばまでの好景気に沸いたスペインの住宅バブルは、08年にはじけた。アルバセテ市の住宅は半値になったが買い手がつかない。銀行は住宅ローンを渋り、売れ残りは5千件超。宅地造成は、むだな公共事業の象徴となった。悪化した財政はスペインを危機に直面させた一因だ。

「毎日新聞」（二〇一一年十一月二十七日付）から引用する。ハッとして、深く考えさせられることが書かれている。

食品流通会社社員のゴメスさん（52）は「ユーロ加盟後、家の中は冷蔵庫、洗濯機、食洗機など低価格高品質のドイツの電化製品だらけになった。そしてギリシャの危機を見て初めて、私たちはユーロ加盟とは金利政策など国の主権が制限されることだと分かった」と語る。ゴメスさんは10年間で2回失業し、現在の給料は10年前の約半分だ。

スペインがユーロ加盟した後に何が起こったのかを、このゴメスの発言が見事に教えてくれる。ドイツによるスペイン占領だったのである。スペインが「スペイン風邪」から快復する道は、どうにかして経済成長を回復させ、失業者を減らし、住宅価格を押し上げるしかない。しかし、それがほとんど不可能となった今、「スペイン風邪」が大流行するのを押さえる術《すべ》はない。欧州連合（ＥＵ）は二〇一二年三月三十日、前年五月に創設した総額四四〇〇億ユーロ（当時約五〇兆円）の「欧州金融安定化基金（ＥＦＳＦ）」と、二〇一二年七月に導入する恒久的な金融支援制度の「欧州安定メカニズム（ＥＳＭ）」の二本建てで運用することを決めた。危機国への貸出限度額は総額九四〇〇億ユーロとなる。しかし、これは見かけ上の数字にすぎないという説もある。すでに、ギリシャ、アイルランド、ポルトガルへの支援に多額のマネーが注ぎ込まれているからである。

スペインは四月四日、国債の入札二六億ユーロを行なったが金利は五・八％まで上がった。四月中旬にはスペイン国債の金利は六％台に上昇した。スペインの景気後退が続いているため、格付け会社S＆Pは四月二十六日、スペインの長期信用格付を二段階引き下げ、「トリプルBプラス」とした。

五月十一日、欧州連合（EU）の欧州委員会は春季経済見通しを発表した。スペインは二〇一二年通年の見通しでマイナス一・八％、失業率は二四・四％となっていた。スペインは完全に景気後退局面に入っている。二〇一一年から成長率はマイナスが続いている。緊縮財政が景気回復の重荷となっている。四月には前年比で約二七〇億ユーロを削減する予算を閣議決定した。四月十日、教育予算削減に反対する学生が大規模なデモを行なった。

スペイン政府は六月九日、大量の不良債権を抱える自国の銀行の救済のためにEUに一〇〇〇億ユーロ（約一〇兆円）の支援を要請した。EUは支援を約束した。しかし、国債利回り（金利）は六・八％に上昇し、高止まりした。七月九日にはついに七％を突破した。

EUによる支援の枠組みが具体化する過程で、支援額が政府債務に上積みされることになるという不安が広がった。また、支援を受けているギリシャなどから、「スペインに財政再建の目標を課さないのはおかしい」という声が出始めた。スペインは一〇〇〇億ユーロの支援を受けてもなお、財政赤字はこれからも続く。市場はそれを知っている。スペインのＧＤＰは約一・四兆ドル。ユーロ圏では独、仏、伊に次ぐ四番目の大きさで、ギリシャの約五倍の規模である。もし、国債価格の金利がなおも上昇を続ければ、市場からの資金調達が完全に不可能となる。そして、その可能性が大なのである。スペインがデフォルトすればイタリアもデフォルトする可能性が出てくる。ＥＵはギリシャ、アイルランド、ポルトガルなどの小国は救えても、スペインやイタリアまでは救えない。

多くの国際金融取引で基準となるロンドン銀行間取引金利（ＬＩＢＯＲ《ライボー》）は、主要行が英国銀行協会に報告する金利の平均で決まる。この金利がバークレイズとイングランド銀行の操作によって、不正に決められていたことが二〇一二年六月に発覚した。ＬＩＢＯＲは八百長操作による不正取引だった。この事件は多くの金融操作のほんの一例にすぎない。

バークレイズはＨＳＢＣとともに、リーマン恐慌を仕掛けた銀行である。ＵＢＳとドイツ銀行も不正操作に関与していた。リーマン恐慌の演出の一つがＬＩＢＯＲの不正操作なのである。

八百長経済学仮説――42

バブルという名の宴に浮かれてはならない。借金地獄が宴の後にやってくることを見逃してはならない。「あれか、これか」と迷うときは宴の席にいてはならない。

「あれも、これも」と思うときは、宴はどうして開かれているのかの理由を知ろうと努めなければならない。

今、そこにある危機を見る力のない者は宴の後で泣きを見る。世界＝経済を支配せんとする邪悪な心の持ち主たちは、宴の後にすべてを奪おうとしているのである。

終わりに■

日本は世界の宴から遠ざかることで危機から逃れうる

リーマン恐慌の後には、この世界にはまだいくらかの希望があった。積極財政と金融緩和、そして公的資金の注入という作戦が一応の成果を上げた。しかし、ヨーロッパ債務危機を迎えた今、成果が期待される作戦が見いだせない。ヨーロッパの中心、ドイツの景気にも黄信号がともり始めたからである。

二〇一二年七月五日、ＥＣＢ（欧州中央銀行）が利下げを決めた。ＥＣＢの利下げからユーロ・キャリーの取引が急増しだした。低金利のユーロを借りて、高金利通貨に交換したうえで債券などに投資するのである。ユーロ下落がこの取引を盛んにしている。ＥＣＢは政策金利を過去最低の〇・七五％に引き下げた。ユーロは対米ドルで六月から三割下落した。私は、ドル・キャリー取引について書いた。そして今また、ユーロ・キャリー取引が盛んになっていく。日本の円は限りなく円高傾向になっていく。

ＥＣＢのこの利下げ決定を受けて、ゴールドマン・サックスがアメリカ国内で販売するユーロ建てＭＭＦ（マネー・マーケット・ファンド）の新規募集を停止した。ＪＰモルガン・チェースも同様の措置をとった。これは、ＭＭＦを通じてヨーロッパに流れていた資金が消えてなくなることを意味する。長期的なユーロ安が続くことも意味する。

日本に話を転じよう。円は対ドルは勿論、対ユーロでも円高傾向が強まるということである。日本銀行は七月十二日の金融政策決定会合で「金融機関から買い入れる短期国債（満期まで一年以内）を五兆円増やして九・五兆円に広げ、逆に国債などを担保に資金を貸し出す枠は五兆円減らす」と決定した。市場に流すお金の増減は、差し引きゼロとした。これは、日銀がお金を出そうとしても、手元資金が充分にある銀行が入札に応じてくれない「札割《ふだわ》れ」が続いていることへの対策といえる。

金融政策決定会合の後で、白川方明《しらかわまさあき》日銀総裁は「内需は強めで外需は弱めだが、全体はおおむね見通しどおりだ」と日本経済を分析した。日銀は資産買い入れを行なう基金の総額を七〇兆円に据え置き、追加の金融緩和を見送ることにした。

多くの経済学者や経済評論家たちは、日銀の消極的な金融政策に非難の声を上げている。しかし、中国もヨーロッパも、大量の札を刷り続けたけれども不況から脱出できていない。「もっと大量の円を市場に出してデフレを脱却し、インフレにせよ」との説が主流になっている。私は大量の紙幣を市場に流すことがいかに愚かな行為であるかを、この本の中で追究してきたのである。決して、世界の宴に加わるべきではない。

「円高は日本の誇り」とすべき意識を持つべきである。多少の貧しさには不満を持たず、円高で得た少ない富を共有して日本人は生きるべきである。

世界はますます貧しくなっていく。ヨーロッパの失業者は日に日を追って増えている。日本は富を分かち合い、失業者を最少限に抑えるべきである。一％の富める者たちが九九％の貧者の富に匹敵するような世界を創り出すべきではない。

八百長経済学仮説——43

少ない富を大きな富に変える方法がある。少ない富をできるだけ平等に分けることである。他国の富に羨望の心を持たず、小さな富を大事にすれば、その富が国家の存亡の秋《とき》に国民を救い出す。

危機の時代に入ると、予言者たちが世間に大量に出現する。私は予言者ではない。単なる一研究者として、この世界の激変ぶりを書いてきたにすぎない。

私はここまで経済について書きつつ、重ねて、人生とは何ぞや、ということを書いている自分に途中から気づいた。経済とは何であろうかとの疑問が最後まで私を苦しめた。そして、残念ながら確たる結論を見いだせないままに、この本は一応の完結をみた。「八百長経済学仮説」なるものを随所に入れたのは、人生論を書きたいという私の欲望からであった。この仮説は一気呵成に書き上げた。心に浮かぶままといっていい。こんなものを入れてよいのかと最後まで迷った。しかし、書き入れたいと思う心を抑えることができなかった。

したがって、いささか妙な本となってしまった。しかし、私は真剣に、毎日毎日執筆し続けたのである。主な資料は過去数年間にわたる新聞（日本経済新聞、朝日新聞、毎日新聞、大分合同新聞）のスクラップ記事である。百数十冊にわたるスクラップ帳を丹念に読むことから、この本の根幹をなす思想を得た。

私たちは世界＝経済を支配せんとする怪物たちに「ＮＯ！」の叫び声を上げなければならない。それが私の目指す「八百長経済学」なのだ。ウォール街の連中に迎合するような正統派経済学に「サヨナラ」を言いたい。金儲けだけを求める人生なんてたいした人生ではない。人生に本当に必要なのは、サム・マネーと大いなる夢なのだ。ビッグ・マネーに負けない夢こそが大事なのだ。

私は危機の中にこそ希望がある、という思想を持って生きてきた過去を持つ。決して絶望してはならないという単純きわまることを心の中で叫びつつ、生きてきた過去を持つ。それゆえにこそ、この本の最後にわずかながらも希望を記して終わりたいと思う。

世界危機という暗い内容の本を書きつつ、私は、明るい夢を持ち続けている自分に気づいていた。最後に、「八百長経済学仮説」番外を一つ書いてこの本の終わりとする。

八百長経済学仮説——番外

自分自身が明るい心を持てば、暗い世界の一隅を明るくすることができる。その一隅の明るさこそが未来への灯なのだ。

〔了〕

■引用文献一覧

カレル・ヴァン・ウォルフレン『アメリカとともに沈みゆく自由世界』徳間書店／二〇一〇年■ジャック・アタリ／林昌宏訳『金融危機後の世界』作品社／二〇〇九年■ジャック・アタリ／林昌宏訳『国家債務危機』作品社／二〇一一年■ボブ・ウッドワード／山岡洋一＋高遠裕子訳『グリーンスパン　アメリカ経済ブームとFRB議長』日本経済新聞社／二〇〇一年■鬼塚英昭『八百長恐慌！』成甲書房／二〇〇八年■マイケル・ルイス／東江一紀訳『世紀の空売り』文藝春秋／二〇一一年■水野和夫『終わりなき危機　君はグローバリゼーションの真実を見たか』日本経済新聞出版社／二〇一一年■藤井厳喜『超大恐慌で世界の終わりが始まる』日本文芸社／二〇一二年■ウェブスター・G・タープレイ／太田龍監訳『オバマ危険な正体』成甲書房／二〇〇八年■L・アレン／藤久ミネ訳『オンリー・イエスタデイ』筑摩書房／一九九三年■「オキュパイ！ガゼット」編集部編／肥田美佐子訳『私たちは〝99％〟だ』岩波書店／二〇一二年■浜矩子『「通貨」を知れば世界が読める』PHP研究所／二〇一一年■行天豊雄編著『世界経済は通貨が動かす』PHP研究所／二〇一一年■マイケル・ルイス／東江一紀訳『ブーメラン　欧州から恐慌が返ってくる』文藝春秋／二〇一二年
■その他に「週刊エコノミスト」「週刊現代」「朝日新聞」「日本経済新聞」「毎日新聞」「ニューズウィーク日本版」「週刊文春」（引用順）の紙誌も引用した。

◉著者について
鬼塚英昭（おにづか ひであき）
ノンフィクション作家。1938年、大分県別府市生まれ、現在も同市に在住。九州一のヤクザ組織を築いた別府石井組初代組長の境涯を追った『石井一郎の生涯〜別府劇場任侠篇』を私家版で2003年に刊行、以後国内外の膨大な史資料を縦横に駆使した問題作を次々と発表する。昭和天皇の隠し財産を暴いた『天皇のロザリオ』、敗戦史の暗部に斬り込んだ『日本のいちばん醜い日』、原爆開発から投下までの新事実を渉猟した『原爆の秘密』、世界権力の真の支配者を敢然と特定した『20世紀のファウスト』、日米の原子力利権を追跡した『黒い絆――ロスチャイルドと原発マフィア』、皇室利権に繋がる大本営元参謀と山口組若頭の黒い関係を描く『瀬島龍三と宅見勝「てんのうはん」の守り人』を刊行。また、現代史の精査の過程で国際経済の重大な欺瞞構造に気づき、金価格の急騰を予見した『金の値段の裏のウラ』、サブプライム恐慌の本質を見破り、独自の視点で真因を追究した『八百長恐慌！』、トップ企業を通して日本経済を襲う大激浪を描く『トヨタが消える日』、金融マフィアの思惑を先読みした『ロスチャイルドと共産中国が2012年、世界マネー覇権を共有する』、国際金価格の暴騰と急落の人為的メカニズムを解明した『金は暴落する！』、時間とマネーの秘密を暴いた『世界最終恐慌への3000年史』（上記いずれも小社刊）などで経済分野にも進出、御用作家たちが決して語らない真実を暴露している。

八《や》百《お》長《ちょう》クライシス
あらかじめ決《き》められた恐慌《きょうこう》

◉著者
鬼塚英昭《おにづかひであき》

◉発行日
初版第1刷　2012年8月30日

◉発行者
田中亮介

◉発行所
株式会社 成甲書房

郵便番号101-0051
東京都千代田区神田神保町1-42
振替00160-9-85784
電話03(3295)1687
E-MAIL　mail@seikoshobo.co.jp
URL　http://www.seikoshobo.co.jp

◉印刷・製本
株式会社 シナノ

Printed in Japan, 2012
ISBN978-4-88086-292-7

定価は定価カードに、
本体価はカバーに表示してあります。
乱丁・落丁がございましたら、
お手数ですが小社までお送りください。
送料小社負担にてお取り替えいたします。